/ **100**位

为新中国成立作出突出贡献的英雄模范人物/

江 上 青

张自强/著

吉林文史出版社

图书在版编目（CIP）数据

江上青 / 张自强著. -- 长春：吉林文史出版社，2011.4（2022.4重印）
（100位为新中国成立作出突出贡献的英雄模范人物）
ISBN 978-7-5472-0525-9

Ⅰ. ①江… Ⅱ. ①张… Ⅲ. ①江上青（1911～1939）—生平事迹 Ⅳ. ①K827=6

中国版本图书馆CIP数据核字(2011)第050305号

江上青

JIANGSHANGQING

著/ 张自强
选题策划/ 王尔立　责任编辑/ 王尔立
装帧设计/ 韩璘
出版发行/ 吉林文史出版社
地址/ 长春市福祉大路5788号　邮编/ 130118
电话/ 0431-81629363　传真/ 0431-86037589
印刷/ 天津海德伟业印务有限公司
版次/ 2011年4月第1版　2022年4月第6次印刷
开本/ 640mm×920mm　1/16
印张/ 9　字数/ 100千
书号/ ISBN 978-7-5472-0525-9
定价/ 29.80元

《100位为新中国成立作出突出贡献的英雄模范人物》丛书

编委会

主　任	张自强　高　磊
副主任	王东炎　徐　潜　张　克　王尔立
编　委	郭家宁　尚金州　龚自德　张菲洲
	张宇雷　褚当阳　丁龙嘉　孙硕夫
	李良明　闫勋才

100位
为新中国成立作出突出贡献的英雄模范人物

八女投江　于化虎　小叶丹　马本斋　马立训　方志敏
毛泽民　毛泽覃　王尔琢　王尽美　王克勤　王若飞
邓　萍　邓中夏　邓恩铭　韦拔群　冯　平　卢德铭
叶　挺　叶成焕　左　权　诺尔曼·白求恩　任常伦
关向应　刘老庄连　刘伯坚　刘志丹　刘胡兰　吉鸿昌
向警予　寻淮洲　戎冠秀　朱　瑞　江上青　江竹筠
许继慎　阮啸仙　何叔衡　佟麟阁　吴运铎　吴焕先
张太雷　张自忠　张学良　张思德　旷继勋　李　白
李　林　李大钊　李公朴　李兆麟　李硕勋　杨　殷
杨子荣　杨开慧　杨虎城　杨靖宇　杨闇公　萧楚女
苏兆征　邹韬奋　陈延年　陈树湘　陈嘉庚　陈潭秋
冼星海　周文雍、陈铁军夫妇　周逸群　明德英　林祥谦
罗亦农　罗忠毅　罗炳辉　郑律成　恽代英　段德昌
贺　英　赵一曼　赵世炎　赵尚志　赵博生　赵登禹
闻一多　埃德加·斯诺　夏明翰　格里戈里·库里申科
狼牙山五壮士　聂　耳　郭俊卿　钱壮飞　黄公略
彭　湃　彭雪枫　董存瑞　董振堂　谢子长　鲁　迅
蔡和森　戴安澜　瞿秋白

前言

每个人的心中都多少有一点英雄情结，都向往英雄、景仰英雄。也正因此，在中华人民共和国建国六十周年之际，由中央十一部委联合组织开展的"100位为新中国成立作出突出贡献的英雄模范人物和100位新中国成立以来感动中国人物"的评选活动中，群众参与投票总数近一亿。这其中的每一张选票，都表达了人们对英雄模范的崇敬之情，寄托着对伟大祖国的美好祝福。

一个民族不能没有英雄，否则这个民族就不会强大。当国家危难之时，懦弱者选择了逃避、妥协甚至投降，英雄们却挺身而出，用热血捍卫民族的尊严，人民的幸福。在创立和建设新中国的伟大历程中，涌现出无数可歌可泣的英雄模范人物。他们之中，有为了民族独立和人民解放而英勇牺牲的革命先烈，有为了党和人民的事业而不懈奋斗的优秀共产党员，有在全民族抗战中顽强奋战、为国捐躯的爱国将士，有英勇杀敌的战斗英雄和革命群众，有积极从事进步活动的著名民主爱国人士和国际友人……他们是民族的脊梁、祖国的骄傲，是激励全体人民团结奋斗的精神力量。

《100位为新中国成立作出突出贡献的英雄模范人物传记》丛书，就像一部星光璀璨的英雄谱，真实、完整地记录了英雄模范人物不平凡的一生，再现了他们非凡的人格魅力和精神世界。"头颅可断腹可剖"的铁血将军杨靖宇，"毫不利己，专门利人"的白求恩，"抗战军人之魂"张自忠，"砍头不要紧"的夏明翰，"俯首甘为孺子牛"的文化斗士鲁迅……一串串闪光的名字，一个个动人的故事，犹如群星闪烁，光耀中华。

如今，战火已熄，硝烟已散，英雄已逝，我们沐浴在和平的幸福之中。在和平年代，人们不会忘记为今日的和平浴血奋战的英雄们，英雄的故事永远不会结束。让我们用英雄的故事唤醒我们心中的激情，为中华民族的伟大复兴而奋斗。

生平简介

江上青（1911–1939），男，汉族，江苏省江都县人，中共党员。

1927年加入中国共产主义青年团，1929年就读于上海"艺大"，同年转为中国共产党党员，并担任"艺大"地下党支部书记，从事地下学运工作。全国抗战爆发后，他和其他同志组织成立了江都县文化界救亡协会流动宣传团，从江都出发，溯江而上，广泛开展抗日宣传，组织动员民众抗日工作。1938年8月，遵照党的指示到安徽，在中共安徽省工委领导下，参加了安徽省抗日民众动员委员会第八工作团，在大别山区开展抗日宣传工作。1938年11月，皖东北地区被日军占领后，受中共安徽省工委派遣，他和一批共产党员到皖东北泗县工作，担任国民党安徽省第六行政区专员公署专员秘书兼保安副司令、第五游击区司令部政治部主任，利用合法身份，积极开展抗日宣传，培训抗日干部，建立抗日武装，推动抗日民族统一战线，为开辟皖东北抗日根据地培养了大批干部。同时，在秘密党员中建立了中共皖六区专署特别支部，任特支书记。1939年3月，中共皖东北特委成立，杨纯任特委书记，江上青为特委委员。他们协助中共豫皖苏省委领导，推动了皖东北国共合作、团结抗战局面的形成。1939年7月29日，遭地主反动武装伏击，壮烈牺牲，年仅28岁。

1911-1939
[JIANGSHANGQING]

◀ 江上青

目录 MULU

■ **诗人战士江上青（代序）** / 001

■ **春水绿杨思故里（1911）** / 001

父影萦儿怀 / 002
江上青的父亲江石溪先生，医术高超，通晓经史，文学功底深厚。潜移默化中，对其子女的成长产生了巨大而深远的影响。

0-1岁

■ **晨曦诱我们惊醒（1911-1929）** / 017

扬州琼花观 / 018
江上青4岁时随父母兄弟，由仙女庙老家迁到扬州，在这里，度过了他美好的童年和少年时光。

1-10岁

避乱南通 / 025
由于"孙传芳兵变"，江上青的父亲担心家人的安全，举家迁到了南通。在南通中学，江上青秘密加入了共青团组织。

16岁

17-18岁

六月狂囚 / 029
扬州局势平稳后,全家人又回到了扬州。江上青转至扬州中学继续读书,积极投身党领导下的学生运动,于1928年底,在家中被捕。

江上数峰青 / 032
江上青出狱后,扬州的各个中学怕受牵连,都不敢接纳。父亲不忍心儿子荒废学业,带江上青来到了上海,被上海艺大接收入学。

18岁

■燃烧起血和心脏(1930–1932) / 039

心脏被锻炼了 / 040
江上青再次被捕,在狱中他以文学为武器,写下了多篇充满战斗激情的诗歌。

19岁

血的启示 / 048
通过多方营救,江上青终于走出了监狱大门那"黑色的小嘴"。出狱后又耳闻目睹了一批革命同志惨遭杀害,义愤之下,以《血底启示》一诗,深切悼念死难的战士。

20-21岁

■破书囊里恨无刀(1932–1936) / 053

创办周刊 / 054
江上青创办了《新世纪周刊》,为抗日救亡做宣传、鼓动。

21岁

传播火种 / 058

经友人介绍,江上青应邀去了仪征十二圩中学做国文教员。他运用高超的讲课艺术,将马列主义的真理寓于讲解国民党政府规定的教科书之中。

21-22岁

青梅竹马 / 063

应同学的邀请,江上青到东海民众教育馆做研究辅导工作。不久,由母亲做主,江上青与自幼一起学习诗文的王者兰订了婚。

23岁

新婚燕尔 / 069

为了照顾生病的母亲,江上青辞去了东海民众教育馆的工作,回到扬州,在平民中学担任国文教员。不久,与王者兰举办了婚礼。

24-25岁

■ **破卷英雄最有情(1936–1937)** / 073

《写作与阅读》创刊 / 074

在好友的推荐下,江上青加盟了《写作与阅读》编委会,并发表了多篇语文教学研究文章。

25-26岁

■ **秋山红叶走征途(1937–1938)** / 085

救亡宣传团 / 086

江上青等文化界人士成立的"江都县文化界救亡协会流动宣传团",从扬州出发,溯江西行,沿途宣传抗日。

26-27岁

■ **气夺山河千万里（1938 – 1939）** / 101

27-28岁

军政干校 / 102
江上青建议国民党安徽省第六区专员盛子瑾创办了皖东北军事政治干部学校，并担任副校长，为开辟抗日游击根据地，培养了大批干部。

小湾村遇难 / 110
在陪同盛子瑾与灵璧县县长会谈后的返回途中，在泗县小湾村遭到反动地主武装的袭击，江上青壮烈牺牲，时年28岁。

28岁

■ **后记　江海情深似故园** / 121

诗人战士江上青(代序)

江上青原名江世侯，1911年生于扬州。他早年就接触革命思潮，北伐战争后加入了共青团和共产党。1929年，在上海工人和学生中进行革命宣传组织活动，曾两次被捕，在狱中受尽折磨。他为了激励自己和难友，曾经写了不少诗篇。他患有严重的哮喘病，出狱后回家乡治疗，从未失去革命信念。在十二圩子初中和扬州平民中学教书，仍继续以传播革命种子为己任，不少学生和社会青年受到他的影响，先后踏上革命征途。抗战爆发，他大力动员青年投入救亡运动，在扬州掀起抗日怒潮。沪苏一线沦陷，他组织抗日宣传队，溯江而上，在武汉重新和党取得了联系。1938年，他受党委派，由大别山来到皖东北，做开辟敌后抗日根据地工作，担任特支书记。他打入国民党安徽省第六专员公署当秘书长，兼任第五游击区政治部主任和皖东北军政干部学校副校长。在我党皖东北特委领导下，培养大批青年抗日军政干部。他充分利用公开身份促成统一战线局面，使我八路军、新四军得以在此地区展开抗日游击战争，发展人民武装，他还为《皖东北日报》撰写社论，发行毛泽东的《论持久战》。他夜以继日工作，为创建皖东北根据地打下基础。当时处境十分险恶，安徽为国民党桂系军阀控制，东面是江苏国民党顽固派势力，泗五灵凤等县城为日寇侵占，乡村里有恶霸地主土圩子。他们互相勾结，无恶不作。江上青嫉恶如仇，爱憎分明，坚决与敌伪顽霸作斗争，因而他变成了一切敌人阴谋杀害的对象。1939年8月29日，一个由国民党反动派策划的谋杀事件发生了，江上青外出灵璧县工作，归来途经泗县东北部小湾村时惨遭反动大地主柏宜生、王铸久武装叛乱袭击，壮烈牺牲，终年28岁。这一事件激起了皖东北革命同志、广大抗日青年以及一切爱国人士的义愤，他们化悲痛为力量，更加坚定了团结抗日的意志。江上青牺牲后不久，我党我军于1940年春战胜了敌伪顽匪，建立起皖东北民主根据地。江上青党性很强，作风正派，为革命事业鞠躬尽瘁，英勇奋斗，直至献出自己的生命。他不愧是党的好儿女，共产主义的忠诚战士，他的英名将永垂不朽。

春水绿杨思故里

(1911)

→ 父影萦儿怀

（0-1岁）

江上青1911年4月10日（清宣统三年三月十二日）生于江苏邗江仙女庙镇（今江都市江都镇）河南。芒稻河穿镇而过，利民桥横跨龙川。伫立桥头，举目四顾，北面为古仙女庙遗址，南侧便是江氏故居。两岸胜迹，一川中流，物华天宝，人杰地灵。

江都，地处长江北侧，为大运河和淮河入江水道交汇处，是苏中平原古文明的发祥地之一。

江都镇原名仙女庙。仙女庙庙址在芒稻河北，山门面水，是过往舟楫的必经之路。据故老相传，仙女庙原来殿宇宽敞，前后三进，另有配殿、经楼、精舍，还有供戏班演剧酬神的戏台。岁月沧桑，古庙早已荡然无存。其旧址后为江都米厂。

△ 江上青

江氏故居就在原仙女庙对岸，与之隔河相望。江都镇附近，早年住有多户江姓人家，分布在芒稻河两岸。据当地老人介绍，江氏祖籍为江西婺源。该县博物馆至今保存着一部完整的《江氏族谱》，谱中载明江氏是唐咸通九年（868年）从山东济南迁入婺源的。清咸丰、同治年间（约1859—1864年），因太平天国与清军在皖南一带交战，居住在徽州旌德的江氏家族迁至江都仙女庙。开始时聚居于"江家大场"，族人主要从事农业和手工业生产。后来家族扩大，子孙繁衍，各自独立门户，江上青的祖父便在利民桥南仙女庙对岸安家立业。

　　江上青的祖父在当地颇有名望。他心灵手巧，技艺精湛，毕生从事木刻木雕工艺，尤精隔扇花样。这种在江淮地区俗称为"细工木匠"的手工艺人，用现在的话说就是民间木雕工艺家。也许是遗传，也许是家教，其子江石溪，即江上青的父亲，从小便具有

▷ 江上青故居田家巷

艺术天赋。他见老父终年辛劳，家境清苦，便利用课余时间帮助老父亲设计雕花画稿。父子合作，名噪维扬。他俩设计制作的雕花家具、细格门窗，深受扬州城内官宦士绅、盐商巨贾的青睐。直到如今，扬州城里大户人家的旧居、园林中的楼台亭阁装饰，仍可寻觅到江氏父子当年的艺术留痕。

江石溪先生原名江绍岳，又名江汉，生于清同治九年（1870年），是扬州的文化名人。他从小随父母生活在"江家大场"农村，亲眼所见附近乡民常有人因病得不到治疗而死亡，妻儿啼号，悲痛欲绝，特别是瘟疫流行之年，更是死人无数，乡民们四处逃荒，十室九空，田地荒芜，惨不忍睹。少年江绍岳为此萌生悲天悯人之心，立下济世救民之愿。在父亲的支持下，他来到素有"中医之镇"美称的丁沟，拜在名医周云溪先生门下，习学岐黄之术。

有道是"名师出高徒"。江绍岳在周云溪老师的严格要求和精心调教下，习医六年，每天是三更灯火五更鸡，刻苦攻读，孜孜不倦，几年工夫，汤头歌诀、历代医宗，烂记于心。他还特别重视实践，每当老师为病人施诊开药之际，他总是侍立一旁，眼观耳听，用心揣摩。周云溪十分赏识江绍岳的这种聪颖好学、水滴石穿的精神，特地将其改名"石溪"，一来嘉勉其志，二来以"溪"传世，承认他是自己的得意门生、嫡传弟子。业成以后，江绍岳便以石溪作为医名悬壶头桥镇（今属邗江县仙女庙）。他医术精深，医德高尚，心地善良，信实不欺，凡贫家穷民登门求医，不仅诊费分文不收，还慷慨施药，积德行善，善举多多。每当乡村流行所谓"时气毛病"（瘟疫）时，更是对症开方，自费购药，亲自熬药、煎汤，用大缸储注，以备病家随来随服。江石溪行医多年，惠及四乡，救人无数，因而深受当地百姓的称赞和敬重。人们称赞他是华佗再世、菩萨心肠，有济世救人之德、妙手回春之术。"头桥仙镇悬壶久，劳人茅屋药能春"（江树峰《忆父吟》），正是江石溪悬壶行医生涯的写照。

江石溪爱好广泛，才艺出众，而且从小习拳，文武双全。清宣统二年（1910年），他应邀赴上海吴淞炮台担任文幕，正如其子江树峰先生诗言："辛亥之前走吴淞，炮台文幕跨青骢。"（《忆父吟》）虽然没有留下更多的文史记载，但我们仍能从诗句中一窥老人当年手握椽笔、戎马军旅的风采。民国初年，江石溪在江都禹王宫兴办新学，"作曲擅歌教音乐"。老人自幼通音律、精乐器，少年时吹得一手好笙，每当江淮地区盛行的"都天庙会"行会期间，他在器乐队伍中的精彩表演，每每赢来满街的喝彩。在诸多的民族乐器中，老人尤擅洞箫、竹笛、芦笙和打击乐"十番锣鼓"。平时在家里，他还指挥儿子们演练，一旦发现有人错过节拍，便用手中的鼓棒轻轻敲打他们的脑袋或小屁股，以示警戒。

除此以外，江石溪还擅丹青，工山水，画宗十三峰，用笔浑厚高古，风格淡雅飘逸。江上青在《哭父》诗中曾说"空留丹青迹，不

▷ 御码头前的冶春茶社（后社）。江上青常与友人同游此处。

与石谷殊",称赞其父的绘画技艺与清初画家王翚(石谷,1632—1717)相比,几无悬殊。诚如前文所言,江石溪强烈的爱国民主思想,深厚的文化艺术修养,对子女后辈潜移默化,言传身教,影响巨大而久远。江上青兄弟几人,个个能诗善文,与良好而又严格的家庭教育是分不开的。

20世纪初叶,正值中国封建王朝进入垂死挣扎的末期,统治更为残酷,社会愈加黑暗,列强入侵,弱肉强食,内忧外患,国事日非。一批富有爱国民主思想的仁人志士,为了寻求富国强民的道路,开始了多方面的奋斗与求索。清末状元、爱国实业家、教育家张謇在家乡南通兴办实业,发展教育,励精图治,使偏于江海之滨的古城南通州成为举世瞩目的民族轻纺工业发祥地之一。光绪二十九年(1903年),张謇创建"大达内河小轮公司"(后改称"大达内河轮船公司")。公司本部设在南通唐闸镇北川桥南堍,面对古通扬运河,依傍连接南通两大工业重镇唐闸镇与天生港镇的港闸河，水陆交通十分便捷。公司另在南通城西门吊桥（今和平桥）小码头开办营业处。大达内河小轮公司投资购买并制造了一批专供浅水内河行驶的"小火轮"，开辟多条航线，行驶于苏北各大城镇之间，客货两便，行驶快迅，大大推动了苏北近代航运事业的发展进程。

扬州与通州是苏北的两大古城，其间有古运盐河相通，航运理应首当其冲。然而事有不顺，当公司首次试航，小轮抵达扬州南河码头时，却遭到扬州有关当局的无理扣押。南通方面旋即派人前往扬州交涉，通过多次说理协商以及南京、镇江有关人士出面调解，小轮船方获放行，返航通州。后经了解，原来是扬州盐运使程某因循守旧，认为小轮船用机器驱动，不合"祖训"，又是洋人发明的"怪物"，将会破坏扬州风水，更谓轮船鸣笛之声惊吵扰民，有碍地方治安，以种种奇谈怪论力阻其事。通扬航运计划迟迟不得实施还有另外一个客观原因，即古运河海安河段淤塞不畅，浅水时小轮通过有所困难。为此，张謇一方面委派公司经理蒋毂堂先生专程去扬州与有关当局交涉通融，另一方面拨出专款用于疏浚海安河段航道。由于德高望重的韩国钧（紫石）先生从中斡旋并全力支持，几经周折后，终于使通扬之间350华里的水道顺利通航。在此期间，还多亏扬州深孚众望的江石溪先生居中相助：凡公司在扬州遇有难事，一律找江先生帮助解决，而先生总是鼎力支持，奔走呼号，打通关节，使诸多困难迎刃而解。通扬小轮通航，江石溪劳苦功高。

正因为有了这段渊源，江石溪得以与张謇相识相知。民国四年（1915年），大达内河

△ 江石溪先生安息处

小轮公司蒋赧堂经理正式向张謇推荐，聘请江石溪担任公司协理（又称襄理，即副经理），负责公司在扬州地区的日常事务管理。此后，公司在扬州的业务得以顺利开展。

江石溪同时也是大达内河轮船公司的股东之一。现存于南通市档案馆的公司档案记载：民国十七年（1928）4月18日江石溪作为股东参加会议，拥有股份13股。

江石溪受聘担任大达内河小轮公司协理后，为方便工作，举家由仙女庙河南迁居扬州城内琼观街田家巷。同年秋后，迁东关街江家桥（今便益门大街57号）居住。此间，江石溪除主管扬州方面日常事务和南通本部往来联系外，还多次赴苏北各地考察河道，充分发挥他在美术方面的才华，绘制了"苏北内河水利交通图"，得到张謇的褒奖。

江石溪民国四年（1915年）45岁时受聘于大达内河小轮公司。民国十五年（1926年）张謇病逝，年近花甲的江石溪因病告老还乡，在公司先后任职十余年。老人退休后，其所在公司的股份产业转入长子江世俊名下，江世俊亦由此转入大达公司服务。

江石溪返乡次年，购下东圈门30号（今16号）住宅一幢。新宅占地1500平方米，青砖门楼，门额雕花，朱红大门，白矾石门槛，方砖铺地，前后五进，带小花园。院内天井、水井，设施完备。它原是清同治年间吉安知府何公的私宅，其后人因生活困难而转让出售。江石溪购得后，稍事修缮。其书房曰"秋斋"，室内书箱垒壁，史籍满架，悬有秀才关笠庭和画师何其愚所赠人物山水，还有佘小池先生隶书联云："秋水掬来双手月；青山行过半身花。"透出主人超凡脱俗、返璞归真、情寄山水风月的俊逸之气。此后，江石溪一直在此居住。他的次孙江泽民即出生在这里。七七抗战爆发后，江家曾一度避难于扬州市郊一处名叫"螺丝结顶"的地方，后又迁回这里。江氏故居在扬州共有三处，唯此处居住时间最长。

30年代初，江石溪患病。此时的他已年过花甲，病魔缠身，又因江上青参加革命两度入狱，为营救爱子，老人忧思过度，心力交瘁，于病榻之上口占一律，在庆幸骨肉情真、有诗存世的同时，已将"身外浮名"看破，凄清委婉，读来令人潸然泪下。

病中口占

六二年华老大身,

病魔扰我实怆神。

兼旬历尽炎凉意,

病久方知骨肉真。

百事萦怀惟画债,

一生守拙累家贫。

而今赖有诗囊在,

身外浮名且让人。

民国二十二年(1933)九月,江石溪病逝

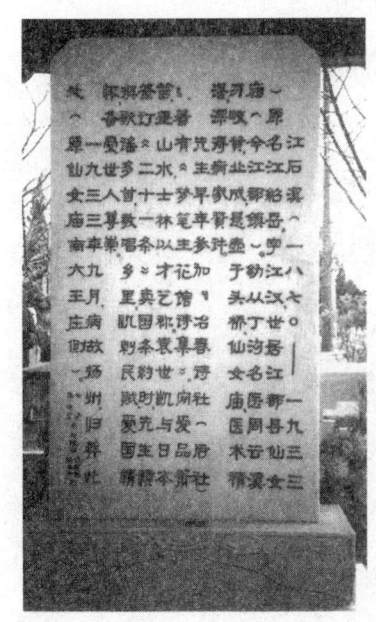

◁ 江石溪先生碑文

于扬州，享年64岁，归葬于江都仙女庙大王庄南（今江都水利枢纽工程引江二站东侧）。

对于父亲的去世，子女们十分悲痛，尤其是江上青更是悲从中来，长哭当歌。因为当时江上青在仪征十二圩中学任教，由于旧友反目成仇而受陷，不能返回故里为父尽孝送殡，值哮喘病严重发作，无法行动，情绪抑郁，自责不已，作五言长律以祭：

哭　父

时乖偏羡古，父老应添愁。
频年惊骇浪，回首感白头。
才大天多嫉，道高志未酬。
生离忆朝露，死别近中秋！
经载谋生计，初堪解父忧。
九旬不为病，乍逝云悠悠。
哭父父不起，儿病父不知。
母恸无已时，且欲慰病儿。
成主未与礼，祭父未与悲。
父殡缺儿送，伴母守素帷。
思父父已渺，儿心欲何之？

侍父哀不及，孝思寄母慈。
梅花今日瘦，泪滴除夕诗！
昆季惯守拙，那堪世路危。
但得求温饱，持训敢稍移。
父存无所虑，父亡入梦迟！
自幼沐遗风，友于亲手足。
兄志继家声，弟云誓不辱！

◁ 张劲夫致江上青的追悼词

父影萦儿怀，何求万钟粟？

　　今幸苟生存，非愿故绝俗。

　　为贾兼为儒，易箦丧须臾。

　　空留丹青迹，不与石谷殊。

　　故园闻笛响，客梦一棹孤！

　　极目望尘路，饮恨尽长途。

父子情深，催人泪下。

晨曦诱我们惊醒

(1911—1929)

→ 扬州琼花观

（1-10岁）

江上青出生的那天，距离推翻清王朝的辛亥革命爆发还有整整六个月的时间。按照当时的纪元，应该是清宣统三年古历三月十二日。

在此之前，江石溪夫妇已经生有四子一女。江上青这一代以"世"字排行。江上青原名江世侯，在家排行老六，兄弟辈中行五。

长兄江世俊，生于1895年，字冠千。早年就读于江苏省立第八中学，与文学家朱自清、教育家朱物华同学。

江世俊为长子，受父亲江石溪影响，

书法文章俱绝，而且精于账理，具有较高的管理水平。江世俊1973年病故于扬州。夫人吴月卿（1897–1977），江都张纲镇人，生子女五人，为江泽君（蛰君）、江泽芬、江泽民（后承祧江上青）、江泽宽（吴德新）、江泽南（泽兰）。老二江世杰、老三江世豪早夭。

四姐江世英，生于清光绪三十二年（1906

◁ 江上青故居内书房

年），适仙女庙梁慕园。解放前病逝。

五兄江世雄，1909年生，字慕陶，早年就读私塾，工书法，为人诚朴，曾随其弟江上青在皖东北地下印刷厂当印刷工，后去芜湖麦粉厂工作，解放后任上海益民食品一厂会计，1966年"文革"初受冲击中风病故。

▷ 东圈门故居16号

▷ 故居前、后古井

江上青3岁时，七弟江世伯（江树峰）出生。树峰字达臣，笔名隐琴、南鸿，别署广陵词人，通晓英、法、俄等多国文字，长期从事教育工作。

1993年11月3日凌晨江树峰病故于北京，终年80岁。

江上青4岁时随父母兄姐由仙女庙老家迁往扬州城东关琼观街田家巷新居。琼观街因琼花观而得名。琼花观又称后土祠、蕃厘观，内有琼花一株，传为仙人所植，洁白如玉，名噪天下。田家巷系明贵妃之父田宏遇所居。江家附近名胜古迹颇多。

隋唐以来，由于大运河的开凿和得到充分的利用，位于运河入江交汇处的扬州，开始了它长达千余年的持久繁荣，历来享有"江淮之间，广陵大镇，富甲天下"美称。江上青童年时期的扬州，由于时局变幻，朝代更迭，繁华虽已大不如昔，但它毕竟是江淮大邑、苏北名城，瘦西湖畔依然风景如旧，冶春园里照样诗兴茗香。

江上青8岁那年，父亲把他送到琼花观小学（后扬州第九小学）读书。当年的新制小学与旧式私塾大不相同，所用教材已非《三字经》、《百家姓》、《千字文》、《幼学琼林》之类的传统启蒙读物，而是内容通俗浅显，以识字为主的课本。石溪先生认为，小孩子应从一开始就打下坚实的国

△ 琼花观小学附近的"百年老屋",江上青少年时在此学习。

文基础,于是从第二年起,便把江上青送往姑丈朱右村先生那里,让其读旧诗、习古文。朱右村是位饱学之士,满腹经纶,江石溪本人年轻时便曾多得朱右村的指点帮助,方能在文学上突飞猛进。朱右村先生教学有方、循循善诱,从《唐诗三百首》、《古文观止》等入手,先领读一遍,讲解诗文大意,然后在江上青反复朗读、背诵的基础上,再详细讲述文章大义及章法要领,直到江上青完全通晓、领会为止。朱先生还要求江上青每天临摹颜、柳二公的碑帖,写大、小楷各若干张字。江上青学业因此大进。几十年后我们重新展读江上青烈士的遗作遗墨,不难发现他的诗词、书法艺术功底深厚,确是从小受到名师指点、经过严格训练的结果。

江上青自小颖悟。据江树峰晚年回忆,小时候,因为年龄关系,他与六哥世侯(江上青)关系最为亲密。兄弟俩经常在一起玩耍比插香烟画片(俗称"香烟牌子")的游戏。旧时,烟商为了促销,每盒香烟里都装有一张卡片,卡片正面印有古人画像和姓名,反面附有简短的文字说明,大多取材于通俗小说,如隋唐将领、三国人物、水浒一百零八将、红楼仕女等,若能将同一题材的画片整套凑齐,则可去商家换取奖品。然而这仅仅是一种商业炒作而已,真正能获奖者寥若晨星。当时,大人抽烟,并不在乎中奖与否,但这小小的画片却是孩子们难得的玩具和宠物。江上青兄弟将画片一一收集珍藏,游戏时把画片打乱，各取一叠，然后按画中人物所处的朝代依次排列，比谁排得既快又对。这种游戏，需要一定的历史知识和较强的记忆力。每次比赛，总是江上青领先。

1921年秋，江上青转入扬州第一高等小学就读，其时，他的国文基础已相当不错。在学校里又开始接触白话文、算术等新学课程，三年后高小毕业。遵照父愿，江上青以优异成绩考入扬州代用商业学校。当年，西学风起，百业待举，为了培养各方面的专业人才，不少学校从初中起便开设专业课程。代用商校所设立的课程，除普通中学一般都有的国文（汉语语法修辞、散文、诗歌）、数理化、史地、英语、美术、体育外，还专门加设簿记（会计）课。江上青学习认真，各门功课成绩优良，顺利地完成了三年学业，深得师长的器重和父母的欢心。特别值得一提的是，在这三年里，由于父兄的影响和学校教育的熏陶，开始步入青年行列的江上青已逐步养成了强烈的爱国民主思想。

避乱南通

（16岁）

1927年上半年，孙传芳准备进攻江南夺取南京。渡江之前，将司令部设在扬州。在此兵荒马乱之时，人们纷纷外出逃避。江石溪担心家人的安全，先令世侯（江上青）、世伯（江树峰）兄弟二人去南通大哥江世俊处暂避，稍后又亲自率全家男女老少离开扬州，乘船来到南通，一家人住在通明电气公司柳家巷15号家属宿舍内。这年8月，孙传芳率部渡江，在南京城外龙潭附近被国民革命军打败。然而孙传芳的残部如后勤人员等一些散兵游勇仍留在扬州一带，更加肆无忌惮、胡作非为，治

▷ 江苏南通中学校史馆。1927年9月—1928年8月，江上青在南通中学读书时，积极从事"学运"活动，该馆是江上青与进步同学经常活动的地方。

安严重失控，居民了无宁日。

　　江石溪老人眼看一时无法返回老家，而各学校又开学在即，心想世侯（江上青）天资聪慧，才华出众，尤善诗文，自己对他特别寄予厚望；世伯（江树峰）年纪尚幼，正是上初中求知识的年龄，绝不能耽误孩子们的学业，于是和长子江世俊商量，要他为弟弟们物色一所理想的学校。江世俊在通明工作多年，熟悉南通情况，当即选中位于城北天宁寺东侧的南通中学。一来通中师资力量强，教学质量高，学习风气浓厚；二来学校与他们所住的柳家巷相距甚近，只需穿过一条街便可到达。就这样，江上青考取该校的高中部，江树峰也进入初中，了却了父兄的一大心病。

南通，南临长江，东濒黄海，自古为"江海锁钥"，苏中望郡。清末，具有儒家传统爱国思想和近代改革意识的状元公张謇弃官回里，在家乡南通兴实业、倡教育。张謇还利用发展实业所获盈利，大力兴办各类新式学校，从大、中、小学到幼儿园，从学校教育到社会教育无所不在其列。其中特别值得大书特书的有中国的第一所中等师范学校——通州师范学校和名闻海内外的南京大学（前身为两江师范学堂）、河海大学（前身为河海工程专门学校，新中国建立后改名为华东水利学院）以及上海的复旦大学（前身为震旦学院和复旦公学）。江上青兄弟就读的南通中学（时称江苏省立第七中学），其主要发起人也是张謇。

军阀割据、群雄纷争的动乱局面对南通并没有造成太大的影响。与扬州这个自古兵家必争之地相比，这里要相对稳定许多。所以，江上青很快便适应并喜爱了这座濒江临海的小城，安心地投入到了紧张的高中学习生活中。

在学校时，江上青与同班同学顾民元最为相契，性格接近，志趣相投，遂结为知己。顾民元于1912年11月5日（古历九月二十七日）出生，受父亲（顾怡生，南通著名教育家）影响，顾民元从小就显露出在文学方面的天赋，而且爱憎分明，思想进步。1927年，他经姨兄刘瑞龙介绍，加入中国共产党，并担任南通城共产主义青年团负责人。

◁ 南通中学院内的老教室。这是江上青在南通中学求学期间，举行入团仪式的场所。江上青从此进入革命的新起点。

经过一段时间的接触，顾民元发现江上青为人至诚，忠实可靠，而且积极要求进步，便有意识地约他到校园的荷花池畔、城北的濠河岸边，一边散步，一边交谈，传输先进思想，讲解革命道理，启发引导他走上革命的道路，待等水到渠成之时，便介绍江上青秘密地加入了共青团组织。时年江上青16岁，而顾民元仅15岁。

六月狂囚

（17—18岁）

一年以后，扬州局势渐渐平稳，除江世俊一家仍留在南通外，其他人都返回老家，江上青也转至扬州中学继续读书。然而，此时的江上青已非昔日那种只知读书、苦于救国无门、痛楚彷徨的中学生，他已经成为了一名革命者。他是一颗火种，无论在哪里都会燃烧、发光。

江上青一到扬州中学便积极投身地下党领导的学生运动。他组织同学上街游行，经常在校园、街头演讲，还撰写文章、散发传单，揭露社会黑暗、政治腐败，号召市民、学生奋起抗争。热血青年，血气方刚，锋芒毕露，过多的出头露面，使他很快成为反动当局及其鹰犬们注意的对象。一个学期不到，也就是1928年12月，江上青在江家桥家中被捕。

此事急坏了父亲江石溪。老人平时和东关一带的商人关系密切，人缘极好，他们得知其爱子被反动当局无理拘捕，纷纷联名保释。反动当局非但不同意取保，反而将之押解至苏州，关押在司前街监狱听候审理。江石溪只得延请大律师胡显伯出庭辩护。

胡显伯（1881–1948），本名震，显伯为其字，毕业于南京两江政法学堂，扬州著名的律师和实业家，于镇江、扬州、苏州三地开设律师事务所，在法学界颇有名望，曾任全国律师公会常委、镇江律师公会会长。他一生开创过许多实业，有"扬州张季直（謇）"之称。

胡显伯虽无意做官，但关心国事，常以地方名流身份参与各种政治活动。他积极主张团结抗日，拒不为日寇所用，爱国民主意识可钦可敬。胡显伯一生酷爱文学艺术，与江石溪一样，同是"冶春后社"的诗人之一。

看到诗友17岁的儿子被捕，胡显伯义愤填膺。他不畏强暴，挺身而出，同意接受江石溪的委托，去苏州为江上青辩护。在法庭上，胡大律师充分运用他渊博的法学知识和丰富的出庭经验，引经据典，辩护有力，法官理屈词穷，只得判以"年幼无知"羁押半年。1929年5月，江上青获释回扬。此时，他已被扬州中学除名。

苏州司前街监狱的半年囚禁，丝毫没有磨减江上青的革命锐气，相反，却更加坚定了他向往民主、追求理想的意志。由于曾被扬中开除过，其他学校均害怕蒙受牵连而不敢接纳，江上青被迫辍学。

江上数峰青

（18岁）

江石溪不忍心让儿子荒废学业，便凑足了一笔钱。父子二人来到上海，通过友人打听，得知位于巨泼莱斯路的上海艺大是个培养文艺人才的地方，教授中有著名的戏剧家田汉等人，很适合江上青这样的文学青年。江石溪父子甚觉满意，便在朋友的陪同下去学校联系。校方看了江上青的成绩通知单和几篇作文，也很满意，欣然接收入学。因为此时正当暑假，二人便打道回家。母亲得知六儿"跳级"上了大学，深感欣慰，全家人也为之高兴。

光阴似箭，转眼到了8月底，学校开

学在即。江石溪夫妇催促六儿赶紧动身，母亲忙着打点行李。临行前夕，江石溪将世侯、世伯兄弟唤到面前，朗朗念出一句唐诗："曲终人不见，江上数峰青。"然后郑重其事地说："从今而后，世侯改名江上青，世伯改名江树峰。我并不指望你们日后升官晋爵、觅相封侯，但愿你俩现在好好念书，将来好好做人，在学业上有所造就。最好不要显山露水，还是'曲终人不见，江上数峰青'为好哇。"从此，江上青、树峰便成了他俩的名字，至于原先的名字世侯、世伯反倒很少有人知道了。

江上青满怀对大学生活的憧憬，来到上海艺大。按校方规定，新生到校还要进行一场"入学考试"，以便根据实际水准分班。这次考试，江上青成绩甚佳，所分班级的同学也都是新生中的佼佼者。

当年，艺大的学生宿舍比较拥挤，每个房间要住十多位同学。江上青的床位离门不远，邻床住的是扬州同乡周静生，南墙最里面紧靠窗户的那张床住的是一位河南籍同学，名叫杨纤如。说起话来一口河南腔，同学们听不大懂，笑称他是"老侉"、"老杆"。当时学生虽已报到，但学校还未正式开课，十几位年轻人聚在一起，首先是"自报家门"，各自介绍自己的姓名、年龄、籍贯、家庭等情况，以便彼此认识。由于当时正处于大革命失败之后,知识青年的思想普遍比较苦闷、混乱,同学之间谈论的话题常与时局有关。每当有人发表高论时,穿长衫、戴黑色宽边眼镜的江上青总是默默地坐在一旁认真倾听;而若是有个别思想反动的学生胡言乱语,咒骂共产主义时,他就与周静生一唱一和,大谈扬州的风土人情、食品小吃,岔开话题,或说些其他无关紧要的闲话,从不议论有关时局政治方面的事情。在有些同学的眼里,江上青只是一个从苏北来的小书呆子,不懂政治,缺乏激情;其实他们不了解,此时的江上青,经过扬州学潮的风波、苏州监狱的洗礼,在政治上已经开始趋向成熟。

很快,江上青根据扬州团组织的指示,找到了上海艺大的中共地下党支部,转办了组织关系。上级批准他直接转党,成为中共正式党员。在当时那种特定的历史条件下,共产党完全处于绝密状态,严格要求党员不准暴露自己的政治身份,党员之间只要不是直接联系的,也互不知道对方就是自己的同志。直到正式开课以后,有一次党支部召集活动分子开会,坐在法南区委书记旁边的江上青突然发现同宿舍的杨纤如正坐在屋角的一张小矮凳上朝自己微笑。散会后他俩同回宿舍,江上青照他背上给了一拳,说道:

"你……你怎么装作一副河南老杆相……"杨纤如立即回敬说:"你这个江北佬,好大的胆子,竟敢在校园里散传单,学校正追查呢。"江上青心里一愣,再三否认。杨纤如这才说明真相:原来几天前他趁天色微明之时,去校园里散发传单,谁知绕到北园时,发现已有不少红绿传单散落在草地、路边。正在讶异不定,看见一个熟悉的穿灰色长衫的身影一晃

△ 上海艺文大学旧址。1929年9月,江上青考入该校文学系。

不见了，虽然天还未亮，但早已看出是同宿舍的江上青。说罢二人相视一笑。江上青告诉杨纤如，自己曾在扬州被捕、在苏州坐牢，家乡实在待不下去了，这才来上海求学的。杨纤如说："我也是刚从开封监牢里放出来的。"同样的遭遇、同样的追求，使这对同学加同志的战友心贴得更紧了。

当时，革命处于低潮，白色恐怖相当严重，学生运动经常采取一种特殊的方式来进行：预先约定时间、地点，分散前往，一旦人员集中便立即发出信号，突然间打出横幅、旗帜，整队游行示威。等巡捕闻风赶来镇压时，路人吓得惊慌逃离，学生们则趁乱夹在人群中四散离去。人们把这种方式称作"飞行集会"，敌人对此毫无办法。

艺大学生会成立后，江上青、杨纤如分别负责组织和宣传工作。他俩出面邀请左翼作家郁达夫、蒋光慈、华汉（阳翰笙）等人来校演讲，从中接受革命文艺的熏陶，江上青本人也由此开始了新诗创作。江上青从小就打下了深厚的古诗文基础，但自从走上革命道路以后，随着年龄的增长和对社会认识的加深，他越来越感到中国的传统诗歌尽管文字精练、音韵优美，但格律过于严格，不适合表达当代劳苦大众的生活和思想，更难以尽情抒发一个革命者如火山喷发、如海涛奔涌的思想情感，于是他投入了新诗的创作。

这年秋天,江上青因工作需要,经常到纺织厂开展活动,目睹了纺织工人的劳动艰辛和生活艰难。为了揭露资本家奴役、剥削工人的本质,呼唤和歌颂工人阶级的觉醒,他满怀激情和期待地写下了自由体新诗《新世界底贺仪》:

从中午到夜半,从童年到衰老,
消磨在劳动里,生机失去了油料。

没有休息,没有呼吸过暖日的光,
疲乏在机械当中,为着工资忍痛。

榨出血和汗,让有闲的哥儿们充满脂肪,
意外的毒害时刻地逼迫我们准备死亡。

暗黑的生活点燃起斗争的火炬,
病的身体锻炼出坚强的意识的洪炉。

十月的巨炮是历史的教训,

远处的晨曦诱我们惊醒。

从地狱里翻转来举行旧时代底葬礼，
旧时代底葬礼是新世界底贺仪！

诗中"十月的巨炮"是指俄国的十月革命。俄历1917年10月25日（公历1917年11月7日），布尔什维克领导下的武装起义攻打彼得格勒冬宫的那声巨炮，不仅使世界上第一个社会主义政权——苏维埃诞生，同时也给中国送来了马克思列宁主义学说，使中国的革命知识分子在漫漫长夜里看到了希望的曙光。此后，江上青用火一般的热情写下了著名的赞歌《十月底旗帜》和《舞台巡礼》等新诗。

秋去冬来，这年上海的冬天特别寒冷。12月的一天，江苏省委在北四川路邮政总局隔壁的粤商大酒楼召集活动分子开会，通知江上青前往参加。开会时间是下午2点，可是直到深夜，还没有见到江上青返回宿舍。杨纤如万分焦急，便向同宿舍、又是江上青同乡的周静生打听。他俩分析，江上青在上海并无可以借宿的亲友，而且平时外出开会，从无在外过宿的先例，深夜不归肯定是出了大事……

果不其然，江上青确实是被捕了。

燃烧起血和心脏

(1930—1932)

心脏被锻炼了

★★★★★　　　　　（19岁）

杨纤如、周静生提心吊胆，通宵未眠。第二天，沪上报纸果然登出一条惊人的消息：当局昨日在粤商大酒楼一举抓获赤色分子二十余人。杨纤如挨个查阅姓名，认为其中一个叫"张玉清"的有可能是江上青的化名，但又不便外出贸然打听，只好向上级组织报告，等待指示。

过了两天，杨纤如收到"张玉清"从提篮桥监狱发来的信，一看笔迹便确认是江上青无疑。接着又收到几封来信，内容大致相同：说是自己在粤商大酒楼与朋友聚会时，无端被抓，现在狱中一无所有，希望送些食品和日用品前来。杨纤如知道，江上青的真正用意是希望利用见面的机会，通通案情，交代一些事情。于是，他请了一位女同学，以江上青妻子的名义前往探监，自己则化装成一个乡下亲戚，背着行李，提着网兜，陪伴同行。可是，监狱看守却以"尚未提审过堂，不得会见任何人"为由，拒绝探监，所送物品一律交由看守人员代转。可惜了杨纤如和同志们的一番苦心。

身陷囹圄的江上青，此时的心情反倒要比外面的同志平静许多，因为他已经有了第一次在苏州坐牢的经历，知道只要内部不出叛徒，只要自己和同志们守口如瓶，敌人抓不到任何把柄，便奈何不了他们，大不了是多关些时日，多吃点"生活"（刑讯）；况且，自己现在已经是一名中共党员，从转党的那天起，便已做好了为革命、为人民流尽最后一滴鲜血的准备，生死早已置之度外，所以，他心里一直很坦然，唯一让他担心的是学校方面的工作，故而急于同杨纤如会面。

上海互济会负责联络营救江上青及其同伴。在潘汉年的亲自过问下,由互济会出面,聘请了两位著名的律师出庭辩护。杨纤如则整天跑律师事务所,跑西藏路的一家挂名公司(实际上是我地下党的秘密接头地点),跑法庭,忙得团团转。开庭审理期间,杨纤如每次都去旁听,还见到过江上青两次。有一次,江上青居然对他扮了个鬼脸。战友近在咫尺却无法说话,只有四目对视,一切尽在不言之中。

◁ 上海提篮桥监狱。建于清末,因是外国人所建,又称为西牢。江上青于1930年在此坐牢受刑。

眼看年头将近，已到学校放寒假的时候了。杨纤如拜托周静生同学回扬州后，务必设法在江上青父母面前遮瞒一下实情。周静生本来就很同情革命，只是生性谨慎本分，不敢卷入政治风暴。他也早就猜测江上青、杨纤如是共产党的人，但也从来不向别人吐露，而是在暗中保护他俩。周静生一回到扬州，便到江府向江石溪先生问安，谎称因为学校有事，江上青要迟几天回来。然而，这种善良的谎言，最多只能瞒过十天八天。江上青聪明能干，深得父亲钟爱，但是上次在扬州因闹学潮而坐牢，又一直使父母放心不下。眼看儿子逾期不归，周静生说话又有点儿吞吞吐吐，老人心存疑虑，开始担心了，先是三天两头给杨纤如写信，询问江上青不归的原因。不久，江上青的大哥江世俊得知消息，立即从南通渡江到上海，在艺大找到杨纤如打探究竟，杨纤如无法实说，只好含糊其辞。见此情景，江世俊早已心知肚明，也不再追问，答应回到扬州后一定好言劝慰老父。过了几天，江石溪亲自来到上海，找杨纤如了解情况。杨纤如情急生智，模仿江上青的笔迹写了一封来信，说是正在外地一个训练班受训，要三个月以后方能返校，只怕无法回乡省亲云云。老先生看了此信，这才半信半疑、无可奈何地离开了上海。

江上青在提篮桥监狱羁押期间，以文学为武器，先后写下了《赤裸着身体》、《饿是武器》、《心脏底拥抱》、《缝衣人》、《我重新来到了这里》、《八个人》等多篇新诗。在《冷漠的世界》一诗中，他把监狱比作"怪兽底狞恶的口"，并采用象征的手法，表达自己宁愿"燃烧起血和心脏"，要把冷漠的世界与寒冷的冰窖彻底烧毁。

诅咒它，可怖的车轮，
推送我们停在这世界底边缘，
世界边缘底黯黑的荒村。
盲子一样地被牵出来，
横在面前的是怪兽底狞恶的口，
张开着，将我们迅速地，
迅速而细心地生吞。
踏进另外一个世界，
生存在里面是无限的空漠，
无限的空漠和冰窖般的寒冷。
怕我们底青春会埋葬在冷漠的世界里，
为什么不燃烧起血和心脏？
变成青春的火紧伴着我们！

1930年1月，反动当局开庭审判，"张玉清"被判处一年苦役。江上青心中好笑，愚蠢的敌人连自己的真实姓名都没有弄清楚，说明他们什么证据也没捞到，于是心里更加踏实了。

几天后，江上青被押解到苏州第三监狱服刑。这地方对他来说并不陌生，1928年冬，他在扬州家中被捕后，就曾被关押在这里。"故地重游"，生性开朗的江上青提笔写下了一首充满乐观情怀和昂扬斗志的小诗《我重新来到了这里》。

江上青一到苏州，就给自己日夜思念的

△ 苏州监狱大门

战友杨纤如写了一封信。告诉他自己已从上海到了苏州，可以前来相见，用的依然是"张玉清"的化名。杨纤如收信后当即向组织汇报，潘汉年指示要杨纤如速去苏州探监，并派中华艺大党支部书记余亦梦大姐同行。行前，潘汉年对他俩明确交代任务：代表党组织看望两校被捕的同学，更重要的是一定要想方设法打通苏州监狱内外的关系，以便营救。

杨、余二人刚到苏州住下，当晚便来了一男一女两位青年，自我介绍说是苏州美专的同学，是苏州地方党组织派他俩前来接头并协助工作的。杨纤如、余亦梦知道这一切都是潘汉年通过江苏省委与苏州县委特意安排好的，嘴上不说，心里却是热乎乎的。他俩出发时，上海互济会已经给了一笔钱；到达苏州后，苏州县委又送来一部分。手头有了钱，活动就方便了。他们在苏州住了半个月，很快打通了各方面的关系。二人又上街买了不少食品和日用品，去狱中探望并分发给被捕的同学。

江上青一见杨纤如到来，高兴得眉开眼笑。杨纤如望着战友那苍白消瘦的面容，又听他一边说话，一边在咳嗽喘气，心疼地问："怎么样，是不是生病了？"江上青笑嘻嘻地用扬州话说："没得关系，出去再干！"第二次会面前，杨纤如到当铺里当掉了从上海带给江上青而他坚决不肯穿的那件皮袍子，额外给江上青买了一些营养品和止喘药。临行前，杨纤如告诉江上青自己在上海待不下去了，组织上已通知转移。两位生死之交的亲密战友依依握别，互道珍重。不料，此别真的竟成永诀。

江上青与党组织接上关系后，斗志愈加坚定。阴暗潮湿的牢房生活，使他患上了严重的哮喘病，但他全然不顾，他要用自己手

▷ 苏州监狱围墙

中的笔继续战斗。狱中生活的几个月里,江上青文思潮涌,诗情澎湃,创作了一批洋溢着真情实感、极富战斗力的新诗,充分显示出他那革命者的情怀、诗人的气质和文学创作上的才华。后来,他把这些诗作汇编成册,诗集题名为《提篮曲》。

血的启示

★★★★★

(20—21岁)

1931年初,通过多方营救,江上青被重新押回上海开庭,因证据仍然不足,当局只得将其释放。当他走出监狱大门那"黑色的小嘴"时,面对灿烂的阳光、新鲜的空气,一种重新获得自由的欣喜之情油然而生,心中渴望着新的战斗从此开始。

回到扬州老家,他铺开稿笺,奋笔疾书,写下了《我被黑色的小嘴吐出来》这样一首诗。

江上青回到扬州老家时,哮喘病已相当严重,身体极度虚弱,每次发作时上气不接下气,家里又缺人照顾。江石溪爱子心切,便把他接到南通,住在柳家巷大哥江世俊家,

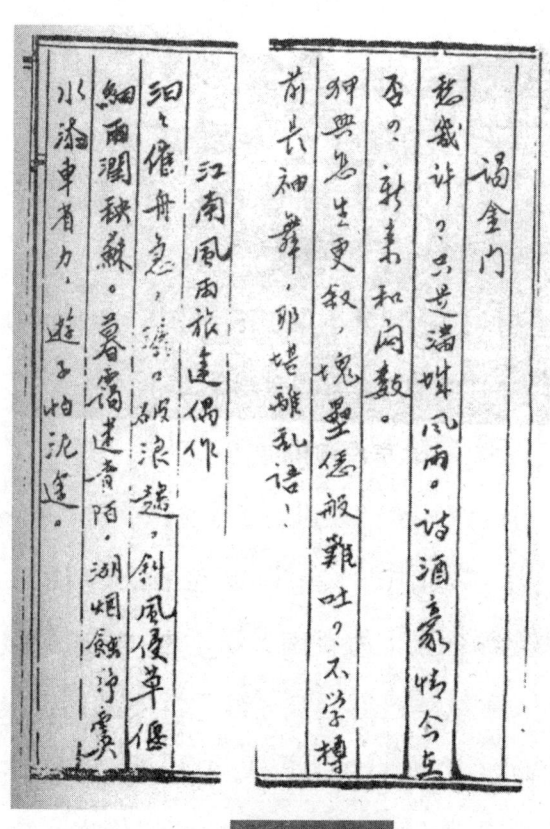

△ 江上青手迹

一方面亲自为他切脉开药,一方面延请西医治疗,中西结合,针药汤剂双管齐下;同时好饭好菜补充营养,再三关照儿子一定要静心养息,不许劳神烦心、加重病情。父子团聚,骨肉重逢,在家人、亲情无微不至的呵护下,江上青的体力逐渐恢复,病情也大有好转。

在南通养病期间,江上青人静心难静。他两度入狱,亲身体验过反动当局白色恐怖的凶残与罪恶;出狱以后,又耳闻目睹一批批革命同志惨遭杀害。"此恨绵绵无绝期",江上青满腔义愤,以《血底启示》一诗,深切悼念死难的战士。

这年夏天,江淮流域发生特大水灾,苏北农村一片汪洋。无家可归的灾民纷纷外出逃荒,哀鸿啼号,饿殍遍野,惨不忍睹。南通城里,到处可以见到难民们扶老携幼、哀哀乞讨的身影,而国民党政府的官员们非但不顾人民死活,还趁机大肆贪污救灾款。江上青悲愤交加,用诗歌《饥寒交迫着灾民》对这种丑恶行径进行了无情的揭露和鞭挞。

8月的一天,党组织派人来柳家巷15号寻找江上青。来人说上级决定派他去上海暨南大学学习,同时继续从事学运工作,有关手续均已办妥,只等开学便可到校报到入学,江上青得知党组织如此关心自己,心情无比激动。事后,他对父兄说是自己联系的学校,校方已同意接收。江石溪、江世俊看了学校发来的入学通知书,当然是喜出望外、求之不得,只是反复叮嘱,一定要好好读书,千万不能再惹是生非、自讨苦吃。

江上青只身来到上海,在暨南大学社会学系当旁听生。教授他们课程的是进步学者李达、邓初民、许德珩等著名教授。江上青如鱼得水,学习十分认真、刻苦。在此期间,他系统地钻研了马列主义理论和其他社会学课程,为日后从事革命工作打下了坚实的理论基础。同时,他又按照上级的指示秘密从事学生运动,出色地完成了党支部交给的任务。

江上青在一次秘密集会上突然与少年时代的好朋友骆何明不期而遇。"他乡遇故知",真有说不出的激动。骆何明原名骆家骝,青年时代积极参加革命,并于20年代末加入了中国共产党。1928年冬至1929年初夏二人曾同在苏州坐牢。他俩既是同乡又是同学,不仅是战友,而且还是难友。骆何明和江上青一样,目前都在上海从事学运工作。老友重逢,江上青喜不自禁,专门为此写了一首诗《握手》。

九·一八事变发生后,大批东三省的进步青年和爱国学生流亡关内,呼吁抗日;东北军的官兵们也发出了"打回老家去"的怒吼。全国人民的抗战情绪日益高涨,工人运动、学生运动蓬勃兴起。江上青怀着对科学社会主义的热烈向往,写下了题为《旋风》的长诗,用旋风象征世界无产阶级和广大被压迫的劳苦大众所进行的革命斗争,指出这一历史潮流不可逆转,革命必将取得最后的胜利。

1932年1月28日夜间,日本侵略军由租界向闸北一带进攻,驻守上海的十九路军奋起反抗,打响了淞沪抗战第一枪。在党的领导下,上海工人罢工,市民自觉抵制日货。各界人民还采取多种方法积极支援前线将士。在军民的共同奋斗下,淞沪抗战坚持了一个多月,沉重地打击了侵略者的嚣张气焰。一·二八事变发生后,江上青全身心地投入战斗:组织学生走街头,游行示威,宣传抗日;上前线慰问抗日将士……由于劳累过度,加之受了风寒,旧疾复发,卧床难起,只好听从组织的安排,于1932年2月返回扬州家中治病。

江上青此番回乡,迎接他的却是一场意想不到的新的挑战、新的考验。

破书囊里恨无刀

(1932—1936)

→ 创办周刊

★★★★★

（21岁）

初春的扬州，尽管乍暖还寒，但毕竟是东风已度，春意渐浓。五亭桥头柳丝染绿，梅花岭上松针滴翠，然而，这一切都无法扫去笼罩在江上青心头的浓重阴云。

他回到家中已经快一个月了。父母对于他的归来是喜忧参半：喜的是上海局势动荡，庆幸儿子平安归来；忧的是看他身体羸弱，旧疾又发，病得实在不轻，于是成天忙着为他看病、煎药。古人常说"知子莫若父"，其实此时此刻的江石溪还真的并不知道儿子的心里到底在想些什么，为何整天眉结紧锁、闷闷不乐。

原来，江上青自返扬以后，就一直在寻找党组织。他一连给几个联络人发信，却总是杳无回音。显然，那几个联络点已经不存在了。他像一只离群的鸿雁感到从未有过的孤单。

江上青心想，虽然一时与组织失去了联系，但作为一名共产党员，任何时候、任何情况下都必须发挥一个战士的作用。于是，

△ 扬州瘦西湖五亭桥

顾不得病体沉重便去找了旧时的好友陈君冶。他打算创办一个刊物,力所能及地为抗日救亡做些宣传、鼓动工作。陈君冶非常赞同江上青的想法,又邀约了几位志同道合的朋友,一面撰写文章,一面筹集经费,刊物的名称定为《新世纪周刊》。江上青在上海从事党的地下工作多时,具有一定的对敌斗争经验。为了避开反动当局的检查,他规定大家只准用化名发表文章,一律不署真名,以免暴露身份。

每周一期的《新世纪周刊》一出版就很受读者的欢迎,青年学生争相传阅,极大地鼓舞了人们抗日救亡的爱国热情。一度冷落的扬州街头,又出现了由学生组成的宣传队伍,他们高唱抗日歌曲,排演救亡短剧,散发传单,发表演讲,市民纷纷响应,抗战情绪高涨。《周刊》还发起组织了"扬州旅外青年学生抗日会",不少热血青年从此走上了革命道路。小小一本刊物,竟然产生了如此巨大的社会反响,江上青、陈君冶等人既感到惊喜,更感到责任重大。《周刊》编辑部收到的稿件越来越多,人手不够,他们就加班加点,通宵达旦,虽然没有一文钱报酬,但大家干得很开心、很带劲。

《周刊》像一把火种,在古城扬州人民的心中燃起反帝抗日的熊熊烈火,它又像一柄匕首,深深地戳入了国民党反动派和当地恶势力的心脏,尤其是江上青、陈君冶的文章，文笔犀利，击中要害，更令敌人惊恐万状、寝食不安。他们派人四处打听《周刊》的编辑们究竟是些什么人，并准备伺机一网打尽。有些同情、关心《周刊》的好心人，偷偷地找江石溪先生通风报信说："我看这些文章好像出自令郎手笔，现在外面风声很紧，希望老先生劝劝你家相公务必多加小心，不要'出头椽子先烂'呀！"江石溪先生也很担忧，便找江上青谈话。他说："六儿，你的一片爱国之心、报国之志、忧国之情，为父不但理解，而且完全支持。但如今的扬州已绝非净土，这里紧靠南京，那边刮什么风，这边便下什么雨，到处都是是非之地。你今后定要谨慎行事，好自为之。再说，为父已年过花甲，你的身体又是如此糟糕，万一……"说到这里，老人声音已有点哽咽。江上青不忍心与老父争辩，只是点头称是。

果然时隔不久，反动当局便勒令《新世纪周刊》停刊。

与上级党组织失去了联系，如今杂志又

被迫停刊，江上青心情更加苦闷。面对白色恐怖，他写诗表明自己任何情况下都绝不退缩，一定要继续战斗到底的决心。

 传播火种

（21—22岁）

闲居在家终究不是长久之计，1932年9月，经友人介绍，江上青到扬州淮南职业中学当了一名国文教员。他的国文功底本来就深厚，教学态度又认真负责，因此很受学生爱戴。但是，由于当时社会动乱，经济萧条，"教书匠"的饭碗也同样朝不保夕，几乎每年都要重找一份工作。1933年1月，江上青应聘去了仪征的十二圩中学。

仪征县十二圩镇，地傍苏北盐运要道，镇虽不大，却比较繁华。十二圩中学在当地也颇有名气，慕名前来读书的学生很多。江上青讲课生动活泼，通俗易懂，即使讲述古典作品，也常融进新的思想观念，给人以启迪。除讲授规定的课文外，江上青还指导学生阅读郁达夫、萧军、茅盾、莫泊桑、雨果的著作，以使他们扩大眼界，从中吸取革命的真理。他待人诚恳，态度谦和，平易近人，不仅同学们喜欢听他讲课，连镇上的青年职工也常来拜访求教。对于这些出身寒微，因家境贫苦而上不起学堂的年轻人，江上青充满一片爱心，有问必答，有求必应，诲人不倦，成为他们的良师益友。

十二圩镇立泰米店的小伙计杨罕人就是得到过江上青亲自教诲的许多青年中的一个。他出身清贫，很小便出来当学徒，完全靠自学修完了小学的课程。他和另一位叫宣宝荣的青年托人介绍请江上青补习语文，江上青一口答应，从此他俩便成为江上青的校外学员。

江上青在十二圩中学任教时的学生李公然在回忆引导他走上革命道路的这位启蒙老师时，写下了以下一段充满深情的文字：

1934年我在仪征中学读书，江上青是我的国文老师。

也是引导我走向革命道路的启蒙老师。他是学校中最年轻、最有才华,也是最受同学称赞和尊敬的一位老师。

他精通史学,擅长诗文,语言生动感人。他的教学态度端正,作风朴实。他不是为教书而教书,而是以启智育人为己任。因此,

▷ 江上青手迹

他讲课不是照本宣科，而是先讲课文大意，尔后展开，联系时局实际，借题发挥，注以革命思想，启迪人们的想象力。记得有一次课文中有一段："物必先腐，而后虫生之。"对此，他不只是解释其自然现象，而是顺其自然转而论证社会现象，并赋予一定的政治内容。他说："例如，清朝政府腐败无能，西太后、李鸿章签订了中俄密约，出卖了东北大片国土，使东北大好河山拱手让与沙俄帝国。这种丧权辱国的罪行，难道不是由于清朝政治的腐败所引起的吗？"他这种喻古讽今的斗争策略，鼓动性极大，一时又唤醒我们的联想。1931年蒋介石在"攘外必先安内"的反动政策下，对日实行"不抵抗主义"，把我国美丽富饶的东北三省又断送给日本帝国主义。强烈的复仇之火在心里又被重新点燃起来，从而对蒋介石的反动本质有了进一步的认识……

江上青就是这样，运用高超的讲课艺术，将马列主义的真理寓于讲解国民党政府规定的教材之中。许多年以后,他的学生们都能清楚地记得"物必先腐,而后虫生之"这句古语,以及它所蕴含的内因与外因的辩证关系。他身在学校,心系天下,利用讲台,向学生们灌输马克思主义真理,宣传爱国抗日主张,宣传革命文艺思想,在知识青年的心中撒下革命理想的火种。后来。他组织"江都县文化界救亡协会流动宣传团"(即"江文团")时,团员中如赵敏、李公然等人,就是十二圩中学的学生。

1933年9月,江石溪先生病故于扬州。其时,正当江上青哮喘病发作严重,"哭父父不起,儿病父不知",既不能为父送殡,又不能为母分忧,悲痛至极,唯有仰天哀叹:"思父父已渺,儿心欲何之";"侍父哀不及,孝思寄母慈";"父亡入梦迟","父影萦儿怀",并在"故园闻笛响,客梦一棹孤"的无限惆怅之中,"极目望尘路,饮恨尽长途"。

青梅竹马

（23岁）

1934年6月，江上青因工作劳累，再次病倒。他平时白天上课，晚上又要给青年职工补习文化，回宿舍后还要再为学生批改作文和备课，每天总要忙到更深夜半才休息。长期辛苦，积劳成疾，老毛病又犯了。学校老师、同学都劝他休息一段时间，等暑假以后再说。朋友们也来信，邀请他到江南走一趟，换换环境，休养身心。于是，他辞去十二圩中学的教职，月底出发，先到常州、苏州，游览了名胜古迹、江南园林，然后又去常熟的朋友家住了月余，最后回到扬州家中。

此时，慈父已逝，家中一切均由老母操持，眼看家境已大不如从前，加上那年夏季久旱奇热，病疴未愈。凡此种种，江上青愈觉心中烦躁，终日郁郁寡欢，常"辗转无眠更漏迟"。母亲见儿子沉闷，总是好言相劝，在生活上更是百般关怀、精心调理，江上青的病情渐渐地有了一些好转。

就在此时，江上青收到暨南大学同学葛任远的来信，言辞恳切地邀请他到东海民众教育馆做研究辅导工作。

江上青接信后，征求母亲意见。老母认为儿子的病情已无大碍，闲在家里反倒会闷出病来，不如出去谋个差事干干，一来散散心，二来还可以有份薪水，减轻家庭负担；再说，儿子到了那里，到时候自己就有机会去东海住上三月半载，看看儿子，走走亲戚，一举两得，于是极力赞同。江上青便立即复信葛任远，表示愿意接受他的邀请。

这年8月，江上青起程赴任。一到东海，葛任远接风欢迎，非常热情。老同学见面，各自诉说离情别绪，免不了一番慨叹。东海民众教育馆新办不久，处于草创阶段，房屋破旧，设施简陋，很少几位工作人员，且都是本地人，每天忙完公事，下班各自回家，只有江上青独自留守。葛任远专门挑选了其中一个比较好的房间，供江上青做办公室兼宿舍。葛任远任务繁重，除负责馆内日常事务外，还要去邻

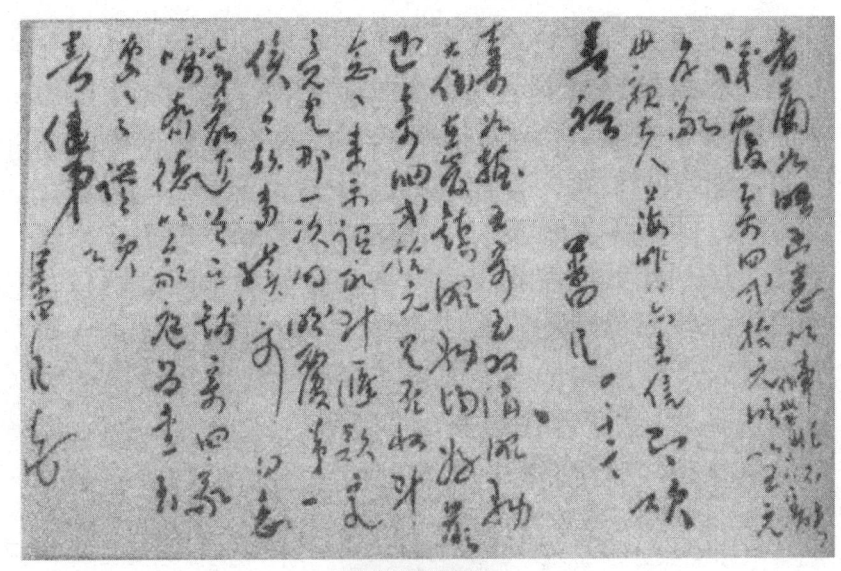

△ 江上青手迹

近各县联系业务，有时还要跑省厅汇报请示、催讨经费，忙得很少有时间与江上青叙旧交谈。江上青初来乍到，人地生疏，白天有事做尚好打发，一到晚上，形单影只，倍感寂寞。他不断地从报纸上、收音机里了解到时局的变化，眼看国事日蹇，无奈自己空怀壮志，却报国无门。他痛恨国民党政府奉行的不抵抗主义政策，懊恼自己"破书囊里恨无刀"，遂填《浪淘沙》词一首，借以抒发满腔的忧国忧民之情。

心事到眉梢，扶枕风萧，而今只合梦中邀。一夜催诗都是泪，便做愁浇。

　　隔雨听芭蕉，孤馆牢骚，破书囊里恨无刀。关外马蹄惊塞野，鼙鼓频敲！

这一时期，江上青还为我们留下了《言志》、《望海潮》等诗词作品。值得研究者们注意的是，自1933年江石溪先生谢世，江上青在仪征写了五言排律《哭父》以后，直到1939年8月在皖东北牺牲，他除了曾给"江文团"作过一首团歌外，再也没有撰写白话体新诗，所遗诗作全部都是旧体诗词。其中原因也许是当了中学教员，环境变化，生活相对稳定，有比较充裕的时间从容地作诗填词、推敲文字，也可能是因为这一时期的作品主要是抒发个人情怀，而旧体诗词形式更适合表现这样的题材。但江上青的作品，无论是新体旧体、自由格律、白话文言，有一点是相同的，那就是它的战斗性，它所表现的不屈不挠的革命意志和斗争精神。

同年9月，由老母范氏做主，姑父朱右村做媒，江上青与王者兰订婚。王者兰是朱右村的外甥女，两家本就沾亲搭故。江、王二人自幼同随朱老习学诗文，可谓青梅竹马，情投意合。王者兰原籍上海松江，后随父母迁居安徽舒城，

△ 江上青夫人王者兰

从小受到过良好的家庭教育，具有较高的文学修养，贤惠能干，豁达大方，既有中国妇女贤妻良母式的传统美德，又有近代知识型女性特具的知书达理与开通。虽说是城里人，却毫无都市女子的娇气。范氏认为儿子已到了娶妻成家的年龄，心中也早就相中了这位姑娘，就是不知王家是否愿意。她向朱右村谈了自己的心思，意思是请姑父出面做个月下老人,牵牵这根红绳。朱右村打心底里赞成这门亲事:一个是内侄,一个是外甥女,两个孩子都是自己看着长大的,非常般配,再说江上青又是自己的得意门生,对他的人品、学问、道德、文章一清二楚,所以满口应允,一定玉成其事。朱右村随即和王家联系,对方也完全同意。于是,办了订婚宴,结下了这门亲事。

办完订婚喜宴,江上青重返东海。他从扬州带回了一本从朋友那里得到的毛泽东撰写的《湖南农民运动考察报告》,每天阅读到深夜。文章中的精辟论述,使他眼界大开。他决定到农村去进行社会调查,实地考察苏北农村的社会现状,同时做一些宣传民众的工作。江上青向葛任远谈了自己的打算,只说是到附近村镇了解民众教育问题,其余什么也没说。葛任远当然支持,给了一笔钱以作沿途食宿之用,并再三关照他要注意身体,自己保重。江上青准备了简单的行装,无非是换洗衣服、日用必需品和书籍文具之类。他肩背小包,独自登程,一路步行,从灌云大伊山、赣榆沙河一直走到沭阳吴集,沿途访问民情,讲解时事,进行民众教育,风餐露宿,十分辛苦。

⊙ 新婚燕尔

（24—25岁）

1935年1月,江上青、江树峰回到扬州家中,拜见老母兄嫂。一家老小难得团聚,大家都很高兴,欢欢喜喜过年。

春节过后,江上青携母同往东海,以便照应。孰料北地风大天寒,更因旅途劳顿、水土不服,老母病倒,卧床难起。江上青心急如焚,只得向亲友借贷,为母亲治病。

母亲生病期间,江上青不离左右,羹汤侍奉,请医熬药,精心护理,竭尽做儿子的一片孝心。一个月后,老人家病情基本好转,生活亦能自理,母子皆大欢喜。

同年7月，老母身体已完全康复，只是思家心切，此时，由于母子二人生活上省吃俭用、精打细算，所欠亲友债务已完全还清。江上青认为东海虽好，但非久留之地，与其骨肉分离，还不如母子同返故里，于是他向葛任远提出辞呈，并详细说明原委，同时感激他一年来多方面的照顾。葛任远再三挽留，无奈江上青去意已决，只好为他们母子俩饯行，挥手惜别。

江上青返乡不久，便接到扬州平民中学的邀请，去那里担任国文教员。

江上青之母范氏自有她自己的心事。自东三省沦陷以后，扬州学潮迭起，三天两头街上便有青年学生游行示威，呼吁百姓抵制日货，甚至把商店里的日本货搬上大街上放火焚烧的事也时有所见。范氏素知儿子的心思，他是不会"安分"的，母子之情留不住儿身，高薪厚禄夺不得儿志，老人心想，只有让儿子赶紧成婚，有了妻室，有了家庭，也许才能稳定儿子的心。老人试探着和儿子谈起结婚的事，出乎母亲意料的是，江上青居然没有反对，只是提出家庭清贫，不同意按老式婚俗操办，以免捞钱搁债，希望采取新法"文明"结婚方式。范氏只要儿子点头同意也就心满意足、求之不得了。她通过红媒朱右村与王氏亲家联系。王家也未有异议，只是提议办喜事的地点最好定在上海，婚后小夫妻再双双返回扬州。毕竟是亲上加亲，事情好办，一切就这样定下了。

江上青、王者兰的结婚喜宴在上海四川路新亚大酒店举行，是由岳丈家一手操办的，江上青事先并不知晓。等一对新人到了那里，故地重回，不免触景生情。他偷偷地告诉新娘，五年前自己就是在这里被捕的，想不到今天我俩又在这里举行婚礼，天下事怎么就如此巧合？者兰听了只是莞尔一笑，其中既有同情，但更多的是理解。她早就了解江上青才情出众，豪放不羁，会干出一番惊天动地的大事业，如今既然结成夫妻，那日后自然是相伴

△ 江上青手迹

相知，风雨同舟了。

新婚燕尔，江上青作《吟赠兰妻述怀》七律相赠，一方面表达自己的宏大志向，一方面倾诉了对妻子的真挚感情：

敢云气足拔千城？
破卷英雄最有情。
红泪清歌春梦散，
金戈铁马壮心惊！
岂甘草莽闻鸡舞，
聊续尘缘作凤鸣。
知我疏狂豪态减，
纵谈风雨过三更。

婚后，江上青与王者兰双双回到扬州家中。为了不影响学生学业，他随即到校上课。

1936年7月，长女江泽玲出生，为这对年轻夫妇的美满婚姻又增添了无限的乐趣。

然而，江上青并非恋巢的燕雀，他是一羽大鹏、一条蛟龙，只等雷鸣电闪，他就要冲天而起，去际会长空的风云。

破卷英雄最有情

(1936—1937)

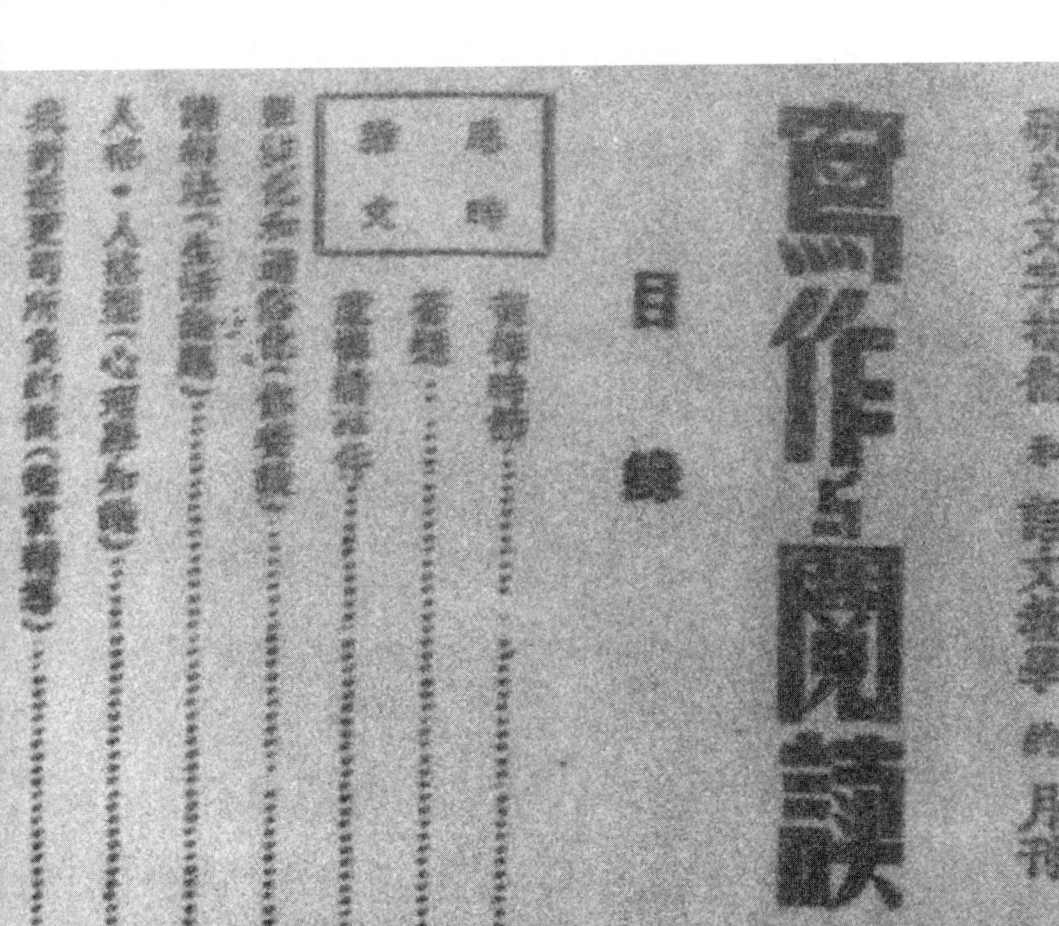

《写作与阅读》创刊

（25-26岁）

1989年夏，中共南通市委党史工作委员会、中共启东市委党史办公室为纪念顾民元烈士牺牲50周年，联合编辑、出版文集《天光常照浪之花》。时任上海市市长的江泽民为之亲笔题诗：

  春翁讲述曾亲近，

  俊老诗篇我读之；

  今日元公遗著印，

  缅怀写读出刊时。

诗中的"春翁"系指于在春先生，"俊老"为老作家李俊民，"元公"则是顾民元烈士，而"写读"便是《写作与阅读》

△ 顾民元

的简称。江泽民在这首诗里只提到了于、李、顾三位，而且一律采用敬称，以示对前辈的尊重和敬仰。

关于《写作与阅读》的缘起，首先必须介绍一下杂志的发起人于在春先生。

于在春（1909—1993），江苏邗江县瓜洲镇人，为当代语文教育家、古文普通话翻译家、优秀的编辑工作者。他以毕生精力积极宣传推广语文教学改革和文言文普通话翻译的口语化、规范化，为祖国文化事业作出了卓越贡献。1935年春，于在春因胃病辞去太仓师范教职，返镇江养病；病情稍有好转，又至省立常州中学执教；未几，胃病复发，只得请假，于1935年10月间回家养病并到上海就医。在养病期间，他念念不忘教学业务，酝酿出版一本宣传新的教学主张和辅导国文教学的月刊,刊物名称初拟为《语文教学》,后来定名为《写作与阅读》,并起草了月刊的编辑缘起。他首先把编辑计划、方案等寄给淮阴师范的顾民元征求意见,邀请他合作办刊。顾民元大为赞赏,欣然同意合作。顾民元认为办个刊物两个人是不够的,于是向于在春推荐了他的好友扬州平民中学教师、中共地下党员江上青参加。江上青非常高兴地接受邀请,又介绍了好友王石城加盟。四人组成《写作与阅读》编委会。

当时,四名编辑分散在镇江、淮阴和扬州三地,各居一方。从第一期起,具体编辑、发稿及校对,实际上都由于在春一人在镇江张罗。

原先,他们有个设想,拟把编辑部设在扬州平民中学,具体编务由江上青、王石城负责。王石城也草拟了一份书面报告,申请登记,可是未获批准。为联系印刷事宜,江上青专程去了一趟上海,找到了承印工厂,上海杂志公司也表示同意发行。在上海,江上青特地拜访了著名教育家、作家叶圣陶先生。叶先生非常支持他们创办一份语文杂志的想法,但认为《语文教学》范围较窄,建议改成《写作与阅读》。江上青把这个意见转告大家,四位编辑一致赞同。就这样,《写作与阅读》于1936年11月出版了创刊号。

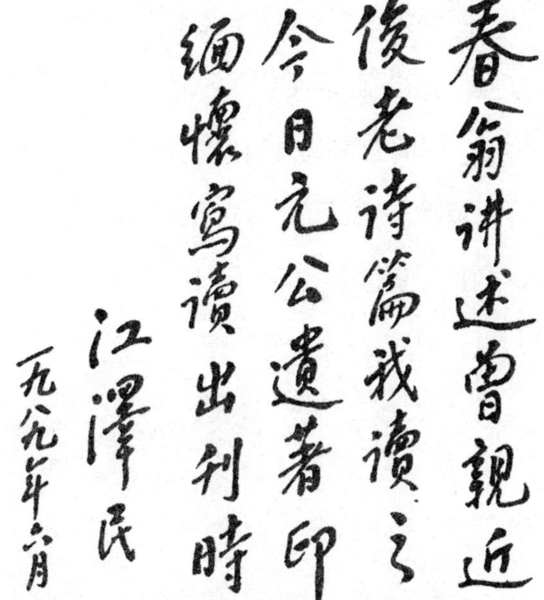

> 春翁讲述曾亲近
> 俊老诗篇我读之
> 今日元公遗著印
> 缅怀写读出刊时
>
> 江泽民
> 一九八九年六月

△ 江泽民为纪念文集《天光常照浪之花》亲笔题词

《写作与阅读》一至六期在镇江印刷，由上海杂志公司发行，对外联系地点为扬州平民中学。江上青考虑问题很周到，见于在春工作负担太重，担心影响他的健康，便提议由自己的胞弟、时任《镇江日报》特约记者的江树峰协助于在春做校对、收发信件等具体工作。当时，《写作与阅读》虽已出版，但刊物登记证尚未办妥,名不正言不顺,随时都有被查封、停刊的危险。江上青知道江树峰活动能力强,社会关系又广,就请他帮助想办法。正巧,那时江树峰就住在国民党省党部委员周绍成家,于是,通过周的关系,不久就为《写作与阅读》取得了国民党宣传

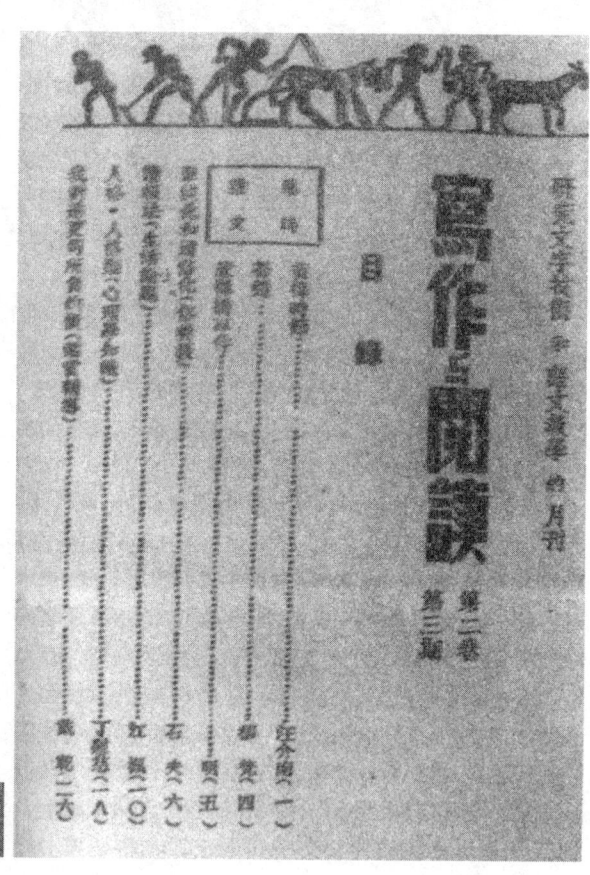

▷ 江上青等人创办的《写作与阅读》

部和内务部的刊物登记证。自第一卷第六期始,《写作与阅读》成为有证刊物,有了"合法"的身份。

《写作与阅读》是一份"通俗的文字技术和语文教育研究的月刊",主编是有名的标榜"技术第一"、没有丝毫政治色彩的于在春先生,所以它一经问世,便不同凡响,深受全国读者好评,发行量日增。于在春先生在《关于〈写作与阅读〉的回忆》一文中这样写道:"后来我才知道,顾(民元)、江(江上青)两人当时都已是共产党员。正因为如此,新创刊的《写作与阅读》才能够在当时错综复杂的情况下保持正确的办刊方向,不犯原则错误。刊物出版后,因编发了不少积极向上的文章,受到了广大读者的欢迎。"于在春又说:"《写作与阅读》其实是我和江上青相识订交的凭借。月刊第一卷是在镇江编印的。江上青在扬州教书,无法分身,他就委托他的七弟江树峰具体协助我,他只是'遥控',经常出点子。在学校里,他的工作很忙,但每期都为刊物写稿,使得刊物能经常以崭新的面貌面对读者。"

在《写作与阅读》创刊号上,江上青发表了他的第一篇语文教学研究文章《中国字的读音与辞性的变化》。他结合自己从事语文教学的经验以及钻研《马氏文通》的心得体会,从汉字是一个单音词的特点出发,论述了由于读音的变化,可以出现多种意义、多种词性的规律,并由此说明外国学者认为汉语难学的原因。江上青认为汉语是一种最有魅力的语言,但同时中国文字也存在着一些明显的不合理特征,需要改进。这篇文章发表在语文教学界普遍不重视中国语言和语法教学的当时,无疑是一个开风气之先的创举。

1936年12月15日出版的第一卷第二期《写作与阅读》,发表由江上青撰写的知识性文章《"的""地""底"》。他从语法修辞、词性变化和当时人们的语言习惯等方面深入浅出地论述了"的"、"地"、"底"三者的不同用法,并通过大量的例句进行比较和区分,既具知识性，又富趣味性，对中学生和初涉文学者很有指导意义。

江上青的《中学生为什么喜欢写新诗》一文，发表于《写作与阅读》第一卷第三期。这是一篇针对性很强、极富战斗精神的文章。作者在教学实践中，发现课本里所编的新诗良莠不齐、鱼龙混杂，有些简直是"天晓得"，而这些所谓的范文，误人子弟，害得中学生们"有了误解"，"生了轻视的念头"，"以为写新诗是最随便而又最容易的事"。江上青对此进行了严肃的批评，呼吁那些选文的先生们"要挽救中学生"，要指导学生正确地认识新诗的本质，要将中学生们误解新诗的念头从根掘起，使他们获得写新诗的技巧。文章最后，江上青语重心长地告诫青年：中学生诸君现在应该明白了，诗歌是"最严格的艺术"，并不是容易写的"叶韵的歌诀"。中学生过去所以喜欢写新诗的原因，是由于误解新诗，少读新诗。今后必须认清:要写新诗首先要去生活，要去接触现实，要在日常生活中找诗的内容，要在活生生的现实中找诗的题材，并且要多多阅读，多多学习写作。这样认真地将自己的生活建立起来，又认真地学习下去，才能把握诗的本质，才能写出成熟的新诗。

江上青关于写作新诗的论述，即便在六十多年后的今天读来，依然是正确的。

出版于 1937 年 2 月的《写作与阅读》第一卷第四期，刊有江上青的文章《作风与个性》。作者运用辩证唯物主义的观点，通过具体例文的分析，说明中学生作文的风格与学生的个性有着密切的关系，进而说明文学作品的风格受作者的生活环境和文化素养所决定。"作风是受个性决定的，而个性是受生活环境决定的"。江上青的这一论述，旨在引导青年走向健康的生活和写作道路。

《写作与阅读》第一卷第五期，江上青选择了沈雁冰（茅盾）先生等人翻译的欧洲文学作品集《雪人》（文学研究会丛书之一，商务印书馆出版）中保加利亚作家跋佐夫的小说《他来了么》并详加注释，推荐给中学生作为语文教学的补充教材。其用意，一是因为当时的中学语文教材中很少有外国进步文学作品，他希望通过此举把国外优秀的文学作品介绍给广大中国师生；二是跋佐夫的这部作品具有反战、反侵略的倾向，通过阅读、讲解，可以宣传抗日。所以，江上青在多达 80 个"注释"中不仅从文学上,更从思想内容方面进行了画龙点睛式的评介,言简意赅,发人深省。

江上青的《从〈国文教学之左右派〉谈起》,发表于《写作与阅读》第一卷第六期,署名"藩臣"。这是作者对中国语文教学,尤其是日寇入侵、国难当头时期的语文教学的思考。文章通过分析实例,批评了当时的官定语文教材《初中标准国文》(江苏省教育厅编辑),对教科书中某些平庸而又缺少观点意义的文章进行了抨击。作者还对当时语文教学中存在的两种倾向——只重内容、忽视形式的守旧派和忽视内容、过分注重文章技术、文学形式的摹拟与追求的所谓"新派"提出了严厉而中肯的批评,重申了语文教学要注重内容和形式一致的主张。

《写作与阅读》第二卷只出了四期,便因七七事变发生、抗日战争全面爆发而中止。抗战全面展开以后,《写作与阅读》的编委们分别投身抗日救国战场,从此各奔西东、天各一方了。

抗日战争爆发，国难当头，《写作与阅读》已无法续办下去，扬州平民中学也已放假，江上青如一头困在铁笼里的雄狮，奔突咆哮、焦躁不安，他急于寻找党组织，他的心早已飞向那炮火硝烟、刀光剑影的杀敌战场……

秋山红叶走征途

(1937—1938)

救亡宣传团

(26—27岁)

抗战开始以后,江上青、陈素、莫朴、韩北屏、辛德培等几位志同道合的朋友相约,在瘦西湖的游船上秘密碰头,商讨筹建扬州抗日救亡组织之事。1937年8月的一天,他们集中在扬州正谊中学开会,专题讨论苏联是否会援助我国抗日战争问题,与会人员中增加了江树峰等人。就在这次会议上决定成立"江都县文化界救亡协会"筹委会,并一致推举陈素为负责人。

"文救会"成立不久,由于局势日趋紧张,江都县政府推诿无钱而中断拨款,接着又宣布所有学校解散,教师发放两个

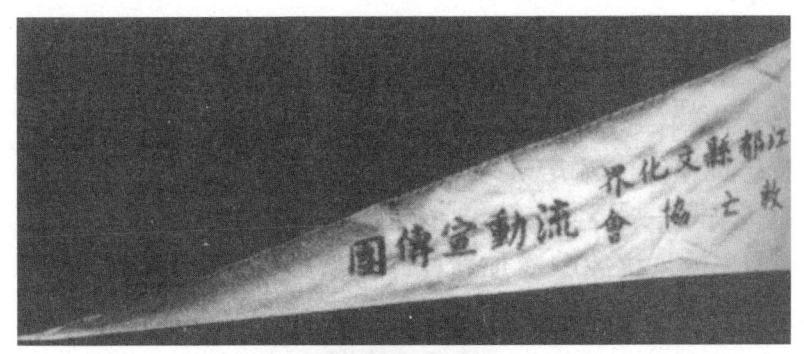

△ "江文团"团旗

月薪水后遣散回家。"文救会"会员主要是中、小学教员,因此活动更难开展。为了保存力量、坚持斗争,此年11月江上青和陈素、卞蹑、莫朴、王石城等同志决定组织"江都县文化界救亡协会流动宣传团"(简称"江文团"),溯江西行,沿途流动宣传抗战。他们的第一目的地选定武汉,准备到达那里后通过八路军办事处然后北上延安。出发之前,他们做了一些必要的准备工作:一是为了取得合法身份,减少沿途障碍,在县党部开具了介绍信;二是由张一萍、张构堂、张跃堂及张惠贞等人在东关街观源浴堂巷15号,赶制了宣传团团旗。

"江文团"团旗,形制为一锐角直角三角形,股长约一米,白底黑字,字为正楷。"江都县文化界"、"救亡协会"分两行并列,每字为一寸见方的中楷;下方为大字楷书"流动宣传团",字大二寸左右。黑白鲜明,非常醒目。团员除上述者外,还有江树峰、黄福祥、韩北屏、陈德钧、谢景鸿、朱迈先、陈谨贞、俞凤樵、李銮生、王正华等共18人。

行意既决,江上青回家向老母、妻儿辞别。范氏夫人是位通情达理、深明大义的老人,懂得"国家兴亡,匹夫有责"的道理,也熟知岳母刺字、精忠报国的古人故事。她早已耳闻11月9日上海沦陷,敌军正长驱西进,兵分几路包

△ 六安古塔。江上青和"江文团"曾在六安进行抗日宣传活动。

△ 湖北麻城市龟头河,"江文团"进行抗日宣传活动的地方。

围国都南京。"覆巢之下岂有完卵"?扬州肯定是保不住了。与其让两个儿子留在家中受罪,还不如遂了他们的心愿,让他们兄弟投笔从戎,杀敌报国。老人只是念及江上青体弱多病,很是放心不下,于是千叮咛、万嘱咐,要他自己多加保重,切不可挨饿受冻、起早贪黑,望着老母亲两鬓白霜、一脸愁容,江上青想,此番一别,也不知何时才能重逢,心中不免有些凄凉。再看看爱妻者兰,身边有刚满周岁的长女泽玲,如今又有孕在身,再过三四个月就要分娩;自己这一走,今后家中老的老、小的小,千斤重担将全部压在她们婆媳肩上,实在有些于心不忍,眼睛顿时湿润起来。倒是王者兰反过来劝慰了他几句,要他在外安心工作,不要记挂家中,有空多给家里写信报告平安。眼看集合时间已到,江上青大步跨出家门,自此,踏上了一条不归路。

江上青等人离开扬州不到一个月，也就是1937年12月13日，南京沦陷；第二天（12月14日）下午，日寇便占领了扬州城，烧杀抢掠，无恶不作，一手制造了集体枪杀我民工四百多人的"万福桥惨案"。霎时间，扬州城成为一座阴森恐怖的人间地狱。1938年3月，江上青的次女江泽慧出生，这一切都是江上青离家以后发生的事。

1937年11月21日晚，全体团员于扬州农业学校集合，次日天明，队伍在"江文团"团旗的导引下整装出发。寒风萧瑟，团旗在风中猎猎作响，年轻的团员们昂首挺胸，迈着坚定的步伐踏上征程。

23日，"江文团"抵达仪征。江上青曾在这里的十二圩中学教过书，有不少熟识的同事和学生，大家闻讯赶来欢迎。仪征是个历史悠久的古城，城中矗立的那座唐代宝塔，外围的木结构早已被古代的战火焚毁殆尽，只剩下孤零零的砖砌塔心。它像一位历尽沧桑的老人，俯视着胥浦河日夜不息的流水，在秋风里哀叹着山河破碎、国土沦丧。江上青故土重游，感慨万端。

"江文团"一路跋山涉水，轻装徒步，来到六合县城。他们走上街头，张贴标语，排演《三江好》、《放下你的鞭子》等抗日救亡内容的街头剧，充分发挥了宣传鼓动的作用，受到六合市民的一致好评。晚上,"江文团"借住于六合小学。该校校长马客谈先生深为这些青年人的爱国热情所感动,主动提出把自己的人力车(俗称"黄包车")赠送给"江文团"作为装运行李、用具的交通车辆。交通车由

◁ 湖北麻城市龟头河,"江文团"曾在此宣传居住。

莫朴负责保管,几位年轻力壮的团员兼作"车夫"。"江文团"入皖以前,已发展到二十多人。这天,队伍到达安徽和县乌江镇。

在这里,他们看到从南京方向不断涌来的难民队伍,听到日本侵略军在南京外围大

△ 河北麻城市木子店。江上青率"江文团"到达麻城的驻地。

肆屠杀中国人民的惊人消息。"江文团"被鬼子的滔天罪行激怒了。他们义愤填膺，怒火中烧，立即整顿队伍，加快步伐，直奔巢县。途经含山时，团里又增加了孙金华、章泉达、王明初三位新同志。他们都是上海黄渡乡村师范学校的学生，前来投奔革命，共赴国难。

一到巢县，大家顾不得休息，立刻走上街头，开展宣传活动。江上青、王石城在县民众教育馆门前演讲，介绍南京惨案，控诉日寇罪恶，听者千人，无不深受感动。他们呼吁当地政府和民众赶快行动，破坏公路，断绝交通，阻止敌人前进；同时要求大家拿起武器与敌人作殊死的斗争，不获全胜决不罢休。他们说，巢县是爱国将领张治中、冯玉祥将军的故乡，人民爱国，民风强悍，敢于杀敌；敌人是少数，只要中国人团结起来，想出各种办法来抗战救亡，就一定能够打败侵略者。江上青的演讲，慷慨激昂，铿锵有力，极大地鼓舞了巢县人民抗战杀敌的热情。

接下来，"江文团"在合肥活动了三天。他们住在合肥第二中学（现四中）校内。那里原先是孔庙，还保留着不少古代建筑，他们就在大成殿里赶排新戏。此时，正巧王毓贞、王芸和李为枝三名女青年前来加盟，演员阵容有所增强。这次他们排演的剧目是《我们的故乡》，王石城担任导演，主要演员有江上青、王毓贞、卞璟、沈风、莫朴、王石城、陈素和朱迈先等人。朱迈先是著名文学家朱自清先生的长子,受家庭和进步思想的影响而投身革命,是"江文团"的骨干之一。排练新剧目的同时,其他同志则上街教唱歌、出壁报、贴标语,工作开展得既顺利扎实,又轰轰烈烈。

一路风尘,到12月初,"江文团"已过上派河,前往桃溪。途经山南馆时,当地青年热情高涨,硬是挽留他们在那里活动了三天。演出剧目有《我们的故乡》、《傀儡皇帝》、《放下你的鞭子》等,还演唱了包括《团歌》在内的几部大合唱。

"江文团"在桃溪停留的时间较长,前后达一个月之久。原因是多方面的,其中最重要的一条,是因为陈素外出与战友联络。他要为"江文团"接通与安徽地下党组织的联系。

1938年1月,"江文团"抵达六安。此时,国民党安徽省政府也已撤至六安,其他还有安徽省抗敌民众总动员委员会、十一集团军总部、政治部等等也设在那里。六安实际上已成为临时的安徽省政治、军事中心。他们连夜找到抗敌动员委员会。该会领导人是"七君子"之一的章乃器先生。办公室主任是共产党人张劲夫,副主任王铸之。江上青的同乡、江都人罗青也在该会担任领导工作。由于这个原因,"江文团"很快与当地党组织取得了联系,并在六安站稳了脚跟。

在六安期间,他们又排演了几部新戏。《贾二爷》由沈风导演,沈风、王芸、李为枝合演;《活报剧》王石城导演,演员为王石城、陈谨

△ "江文团"团歌

贞、李为枝、王芸、莫朴。卞璟又重新导演了《放下你的鞭子》，改由卞璟、王毓贞、沈风主演，排得颇有新意，演出效果更加动情感人。他们还演出了几场《我们的故乡》。演出所到之处，反应强烈，欲罢不能。

"江文团"团员们抗战心切，人人盼望早上前线，为抗日救国而喋血疆场。卞璟、江上青向政治部提出这一请求。政治部同意"二组"去寿县田家庵一带慰问前线抗日军民，开展战地宣传工作。团员们长途行军，日夜兼程来到寿县。

这期间，陈素因为要向中共长江局和八路军办事处汇报情况，去了武汉，团里的工作在卞璟、江上青领导下进行得井井有条。江上青除处理团部的日常事务外，还充分发挥他的演讲才能，每天走上街头，振臂高呼，慷慨陈词，评说时事，宣传革命。宣传团在寿县、田家庵等地活动前后约两个月。时近端午节，他们来到正阳关。

团队离开正阳关来到颍上时，那里的局势已非常紧张，城内商店住家关门闭户，街上行人稀少，静寂得如同一座死城。第二天，即遭到敌机轰炸，炸弹在他们住宿的夫子庙附近爆炸，弹片乱飞，火光冲天，不少弹片落进孔庙院内。

"江文团"认为留在颍上已毫无意义，便决定继续前进，尽快赶赴阜阳。

他们起早带晚，一百多里急行军来到阜阳城。阜阳的情况比颍上稍好，只是"策动一组"已先期到达，并已活动多日。两个组的工作性质有些是相同的，没有必要同时逗留。江上青与陈素、卞璟等人商量决定，在阜阳暂住几天，稍事休整，然后取道三河尖去河南固始县，另外开辟战场。到达固始后，连日暴雨，无法工作。

梅雨季节过后，他们抵达山清水秀的商城，并在这里与同属十一集团军政治部领导的"广西学生军"和"救亡工作团一组"会师。三支队伍在一起相互学习，通力协作，配合得十分和谐愉快。

不久，"二组"奉命去湖北麻城开展工作。麻城地处长江之滨，敌机常来轰炸，城里居民大多迁往农村避难，宣传工作难以进行。团队只好继续前进，进军鄂东浠水。谁知浠水情况更糟。它紧靠长江边，县城几经日寇飞机轰炸，几乎成了一片废墟，断壁残垣，烂砖焦土，城里空无一人，连个借宿的地方都找不到。后来他们好不容易在城外找了一户人家住下。屋主人不知去向,留下几间平房空空荡荡。房屋潮湿不堪,一股霉味令人窒息。住不几天,就有半数以上的团员染上疟疾,江上青也未能幸免,又无医无药,眼看大家就要陷入绝境,全团紧急开会商讨出路。大家一致的意见是由陈素、卞璟速去武汉,向"八路军办事处"报告,请求批准他们去延安抗大学习,以遂初衷。因莫朴的父亲在武汉,也让他同行。

陈素在武汉又征求了长江局的意见,并和广西军政治部代表、地下党员陈岛等人具体研究了人员分配方案。根据上级党组织有关"人员尽量集中,不宜过分分散"的指示精神,除少数团员分到一一五师外,大多数人集中在一三一、一三八和一七〇师。

陈素、卞璟回到浠水,当即宣布新的任命:陈素任一三一师政治部少校科长;卞璟任一三八师政治部少校科长,江树峰任上尉科员,庄寿慈、朱迈先任中尉科员,莫朴任该师少校艺术干事,江上青、王毓贞、李公然任上尉科员;王石城任一七○师政治部上尉艺术干事代三科科长,黄福祥、韩北屏任上尉科员。其他团员分别担任中尉、少尉科员。命令下达以后,大部分团员接受了新的任务,分别到武汉报到,只有江上青,王毓贞、赵敏,谢景鸿等几个人未去到任,而是离开了广西军队返回安徽,他们要去找张劲夫部长。因为当时江上青的组织问题通过陈素的努力,并经中共长江局批准,已经得到了恢复。同时,批准赵敏由团员直接转党员,江上青自1932年2月从上海暨南大学返回扬州后,一直与党组织失去联系。整整六年时间,苦苦地寻找党组织,也一直在兢兢业业为党工作,任何时候都没有忘记自己作为一名共产党员应该承担的责任和应尽的义务。现在终于盼到了这一天,江上青像一个离别亲娘多年的游子,心情特别激动,他恨不得插上翅膀,尽快飞回母亲的身边。

江上青、陈素、徐赓等人兵分几路,挥

泪告别，各奔西东。"江文团"胜利地完成了它的历史使命。中国的反法西斯斗争史册上，将永远记下他们这个光荣的战斗团队的名字——"江文团"！

气夺山河千万里

(1938—1939)

→ 军政干校

（27—28岁）

江上青在湖北浠水与战友们握别后，率赵敏、王毓贞等人折回安徽寻找中共安徽省工委。江上青等人找到动委会负责人张劲夫，说明来意，转接了组织关系。

中共安徽省工委研究决定，并以动委会的名义派遣江上青与赵敏、周村、谢景鸿、吕振球（吕亮屏）、李艺（兰生）、王毓贞（王韶）等同志参加安徽省战地动员委员会第八工作团，在大别山区进行抗日宣传工作。

当时的国民党安徽省军政当局，由新桂系控制，省政府主席廖磊，思想倾向进步。1938年秋，因内部派系斗争，他们调任原六安县县长盛子瑾为第六区行政督察专员兼保安司令。当年的"六区"地处皖东北，范围包括泗县、五河、盱眙、灵璧、宿县、嘉山、凤阳、定远、怀远九个县。这些县城有的已经沦陷，有的危在旦夕，而津浦铁路沿线的公路和集镇则大多沦入敌手。然而尽管如此，皖东北地区仍有广大乡村可供迂回，又有洪

◁ 江上青与陈素等合影

泽湖大片水区作为依托，可以开展敌后游击战争。

盛子瑾打着"团结抗日"的旗号，赶往皖东北，请求省动委会派遣干部随之赴任。中共安徽省工委张劲夫等人研究后，决定派遣江上青、赵敏、周村等秘密党员率领省动委会直属第八工作团前往皖东北。省工委还决定成立中共皖东北特别支部，由江上青担任特支书记，赵敏任组织委员，周村任宣传委员。张劲夫部长指示江上青，特支的任务就是团结盛子瑾，开展敌后工作，最终创建皖东北抗日根据地。

1938年11月，盛子瑾初到泗县时，接收的就是一个破烂摊子。后来，经过江上青等人的不懈努力，政令逐渐开展，专署和保安司令部迁至管镇，游击司令部和县政府移至双沟。双沟一度失守，司令部转移到双沟以北约8公里处的罗岗，县政府则迁往小店（石集东），后又迁至半城。1939年夏游击司令部迁青阳镇，后因战事吃紧，又迁青阳以东的荣花树。专员公署、保安司令部也是一迁再迁，先由管镇迁至青阳东边的阳景庄，后又迁回管镇。双沟彻底失守后，则常驻半城。短短半年时间，这些国民党党政军机关连连搬迁、疲于奔命，可见皖东北战事紧张，斗争形势异常激烈残酷。

盛子瑾在江上青的协助下，首先着手组建泗县各区组织，任命我秘密党员吕振球为一区区长，段幼春为二区区长（后为钮玉书、朱青阳、石青，均是中共党员），罗铸九为三区区长（后为刘彬、狄克东，均为中共党员），吴亚明为四区区长，赵敏（中共党员）为五区区长（后为郑淮舟）。从中不难看出，泗县所属各区政权已基本被我党所掌握。

盛子瑾为了培植自己的势力，以武力巩固他在皖东北的统治地位，不断扩充"五游"

△ 管镇王公记草坊小学，江上青在专署工作期间的住所。

兵力。他本人兼任司令，副司令为祖树屏，参谋主任赵汇川，军需主任吴静轩，先后担任政治部副主任的廖量之和董畏民二人都是中共秘密党员。军需主任是盛子瑾夫人杨文蔚。"五游"下属六个团，另有一个教导团，一个特务大队（后扩充为支队，支队长为秘密党员徐崇富），一个淮河支队，一个水上公安支队，一个卫士大队。有了这样一支武装，盛子瑾拥兵自重，很快成了皖东北呼风唤雨的头面人物，而事实上其中不少是由我党领导的革命

△ 专署所在地管镇。江上青曾在此工作。

武装力量。

1938年12月,六专署从郑集移驻管镇,盛子瑾委任江上青为专员秘书兼"五游"政治部主任。江上青不失时机地向盛子瑾建议,创办一所"皖东北军事政治干部学校"(简称"军政干校"),招收各地失学与流亡青年,进行政治、军事训练,培养抗日骨干。盛子瑾正愁手下无人,对此建议完全赞同,亲自兼任校长,江上青任副校长,主持工作。他平时就住在干校里,可见对这一工作的重视。江上青不仅亲自为干校制订教学计划和课程设置,连讲课人员都作了精心的安排,从而使军政干校的领导权牢牢掌握在我党手中。干校先后举办了两期,每期时间三个月,共培养了六百余名干部,其中绝大多数后来都成为皖东北地区党政军民学各方面的骨干力量,为开辟皖东北抗日根据地发挥了重要作用。

皖东北军政干校校址设在距管镇东北一里多路的黄庄,办学条件极差,校舍借用民房,既无教室也没有课桌椅,上课时学员们集中

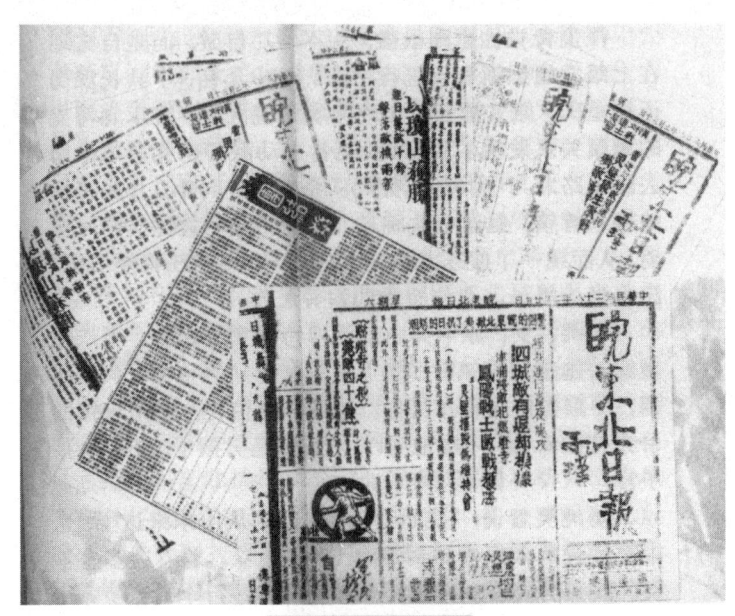

△ 《皖东北日报》

在打谷场上，席地而坐，书本就放在膝盖上，聆听老师讲课。初春时节，天气仍然很冷，阵阵寒风吹来，冻得浑身打颤，但同学们毫不在意，照样聚精会神、认真听讲。一日三餐也全在室外，生活艰苦，吃的是糙米饭、青菜豆腐汤，但大家艰苦奋斗,情绪十分高涨。

江上青讲课生动活泼，富有鼓动性，每逢他讲课，不仅学员爱听，还吸引了不少村里的群众，甚至连国民党保长都赶来旁听。江上青有很高的政策水平和政治敏锐性。有一次，他到干校举办的"救亡室"参观，发现壁报栏里只画有镰刀、斧头、五角星等共产党的标帜，便命令学生立刻取下来。他解释说："在这国共合作的非常时期，不要给挑拨者以任何口实。你们一定要牢记，联合抗日，高于一切！一切服从抗日！不利于团结的话不准说，不利于团结的事不准做！"江上青顾全大局，高瞻远瞩，同学们无不敬服。也正因为如此，皖东北团结抗日的局面才得以迅速形成。

江上青当时月薪80元，可他每月只领30元，其余50元全部捐作慰问伤病员所用。他自己每月所领的30元，除留伙食费6元、零用钱4元外，余下的20元又全都用于联系青年、争取青年参加抗日救亡的活动经费。

→ 小湾村遇难

（28岁）

由新桂系军阀控制的国民党安徽军政当局，对盛子瑾一直很不放心，在将其排挤出六安这个心腹地区以后，又担心他一旦羽翼丰满，势力太大，会把皖东北变成自己的独立王国，分庭抗礼，尾大难掉，因此处心积虑地委派政治上反动的许志远、秦庆霖分别担任灵璧、盱眙县长，并任命许兼任第五游击纵队第二支队司令，目的是对盛子瑾加以钳制。盛子瑾并非等闲之辈，一眼便看穿其中阴谋，深感这种安排对自己十分不利，便同江上青研究对策，并接受了江上青的建议，同意与共产党领导的八路军、新四军加强合作。1939年7月初,张爱萍、刘玉柱随同八路军苏鲁豫支队进入皖东北,建立了八路军、新四军驻皖东北办事处,形成了这一地区国共合作、团结抗日的良好局面。盛子瑾得到了共产党的支持,又有八路军、新四军配合,腰杆子也硬了三分。

在抗日民族统一战线的旗帜下,我军发动群众,建立抗日武装,打击敌伪势力和土匪恶霸,深得群众拥戴。在抗日浪潮滚滚向前的形势下,泗县、灵璧等地的地主豪绅异常恐慌,恶人先告状,他们纷纷向省政府控告盛子瑾为共产党收买。安徽省政府借题发挥,准备调升灵璧县长许志远为六区专员,取代盛子瑾。风声传来,泗北大地主如蝇逐臭,争相投靠许志远。许志远更是踌躇满志,有恃无恐,肆无忌惮,下令所属雷杰三部进犯盛子瑾部,幸有我军协助,盛部击溃了雷杰三。战事虽已平息,但双方部队仍然剑拔弩张,严重影响了皖东北团结抗日的局面。

8月下旬,张爱萍、刘玉柱以抗日大局为重,竭诚邀请盛子瑾和许志远二人到灵北张大路八路军驻地进行调解。为确保会谈安全,三方协商,张大路附近由苏鲁豫支队胡炳云大队驻防警戒,盛、许双方警卫人员一律不许进入谈判地点。会谈那天,盛子瑾在江上青、朱伯庸等人的陪同下赴会。会谈由张爱萍将军主持，经过张爱萍、刘玉柱出面调解并晓以大义，许志远口头答应团结抗日，表示愿意接受盛子瑾专员的政令，而内心却暗藏杀机，背地里磨刀霍霍。

张爱萍对桂系政客许志远口是心非、奸刁歹毒有所警觉，会谈刚结束，他便提醒盛子瑾要多加提防，劝说他不要从原路返回，最好绕道由我军驻防的马厂返回，以策安全。但盛子瑾麻痹大意，未听劝告，最终酿成大祸。

8月29日，盛子瑾由江上青一行陪同巡视灵北，骑马沿濉河河堤返回专署。他们行至小湾村西口时，突然枪声响起，方知中了敌人的埋伏。

这一切都是许志远事先设下的圈套。他已暗中指使大柏圩子地主柏宜生（又名柏逸苏）、小湾子地主王广沛、朱元生、王朱圩地主王仲涛、王圩地主王铸久、吴圩子地主吴天宝以及许志远的亲眷周益斋等人，纠集了地主武装五六百人，根据盛子瑾来往灵璧必走刘庄、小湾子的规律，要他们提前埋伏在这些必经之路的沿河一带，荷枪实弹，严阵以待，只等盛子瑾进网便开枪射击，必欲置之死地而后快。

江上青听到枪声，情知不妙，但仍然打马向前，力图制止事态发展。他大声喊道："不要误会，我们是盛子瑾的人……"偏偏这一天盛子瑾穿的是便衣，而江上青却是一身戎装。因为他俩平时都戴眼镜，匪徒们误以为穿军装的江上青就是盛子瑾，不约而同地朝他开枪射击。乱枪之下，江上青以身殉国。慌乱之中，盛子瑾趁机跳入面阔水深的滩河中，抱住水里飘浮的一段柳树游到河南才得幸免于难。

在这次事件中，盛子瑾的随员们伤亡惨重，有的被当场打死，有的被俘后又遭杀戮，

△ 江上青烈士殉难地（安徽泗县小湾子村）

血染滩河，惨不忍睹。

小湾子枪声响起时，秘密党员赵汇川率部赶来营救，将盛子瑾护送到魏营，然后转专署。灵（璧）宿（县）行署秘书朱伯庸、副官张愚非因为走累了，坐在小湾附近的庄头休息，庄内坏人见他俩身背短枪，便乘其不备，从背后偷袭，将他俩杀死，抛尸河中。事后，四区区长吴亚明派人在青阳桥下打捞遗体，死难者有江上青、蒋茂林、沙副官、朱伯庸、张愚非和盛子瑾的三名卫士共八人。尸体打捞上岸后，不分级别，全用二四棺木盛敛，停于青阳镇西街城隍庙中。次日夜间，二区区长石青、区员魏紫波各乘一骑，从大庄往出事地点查看，早饭后到达小湾。这时，现场已空无一人，只见盛子瑾赖以逃生的那根树段上已被子弹打穿了好几个洞，可见情势危急。

△ 江上青烈士殉难处纪念碑

小湾子事件发生后，驻在大庄附近的我苏鲁豫皖支队胡炳云大队和"五游"三支队赵汇川部迅速进驻小湾子、老周圩一线。张爱萍将军与盛子瑾协商后，派刘玉柱代表八路军、新四军，石青代表专员公署出面调解，凭借我军的威慑力量，迅速平息了暴乱。从此，盛子瑾更加依靠我军支持。张爱萍征得盛子瑾的同意，在张塘建立了八路军、新四军驻皖东北办事处，张爱萍任处长，刘玉柱任副处长，掩护以金明为书记的中共苏皖区党委领导工作。盛子瑾还答应每月供应军费一万元。从此，我党、我军在皖东北站稳了脚跟。

江上青牺牲的噩耗在皖东北地区传开后，各界人士无不悲痛惋惜。他们分别在青阳、崔集、管镇等地隆重举行追悼大会。"抗演六队"在追悼会上谱唱了一曲动人的挽歌，歌名《陨星》。由舒焚作词，殊冰作曲。

  秋风里，
  陨落一颗大星，
  陨落一颗大星。
  你去了！
  带着音响，划过长空。
  在封建余孽手里，

溅了你的热血，

让几十里的弱流，

亲吻你的尸身。

无限的哀痛，

刻上我们的灵魂。

△ 江上青烈士纪念铜像

死者啊，

你是生花妙笔的江淹，

你是朗朗照人的玉山，

你是铁腕斗胆的股肱，

打开皖东北的今天。

死者啊，

愿你手持巨灯，

照着我们前行。

抹干泉涌的眼泪，

掀起倒海的飓风！

挽歌颂扬了江上青为开创皖东北抗日根据地所建立的不朽功勋，烈士的光辉形象和英雄业绩将永远铭记在皖东北人民的心中。

1940年春夏之交，江上青在扬州的长兄江世俊得知六弟遇难的消息，全家人悲痛欲绝。根据扬州的风俗，他和夫人吴月卿商量，决定将正在读初中的次子江泽民过继给江上青为子。江上青夫人王者兰在大嫂陪同下，由管镇邮差欧瑶圃带路，专程去崔集江上青墓前扫墓，只见蒿草丛生，四野苍茫，王者兰跪拜坟前，想起当年红袖添香，静夜对读，而如今幽明相隔，青春分手，不禁五内俱焚，泪如泉涌，当即写下深情悲悼的《七律·悼江上青》一诗，以诗明志，誓抚遗孤：

噩耗传来处处惊，
才华未展恨难平。

▷ 王者兰怀念丈夫江上青的诗词手迹

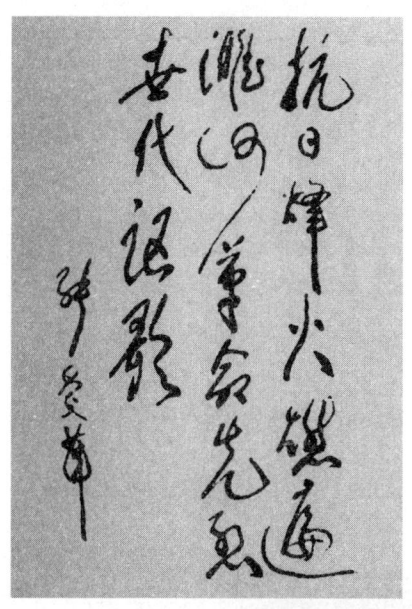

△ 张爱萍（左）和江树峰的题词

十年壮志山河动，

一片丹心日月明。

誓抚遗孤承素志，

尽除奸匪报深情。

黄沙血染英雄骨，

碑碣永留万古名。

江上青和七弟江树峰在浠水分手后，时有音讯往来。此次，江上青在去灵璧途中，又给树峰写了一封家书，信中附有七律一首。

这是他一生中最后的一首诗,可以称之为绝笔:

　　过隙光阴逝白驹,

　　十年患难早相扶。

　　雄心拼付三期战,

　　别绪全凭一雁书。

　　春水绿杨思故里,

　　秋山红叶走征途。

　　天涯兄弟成劳燕,

　　互问风尘老病无。

烈士于离乱中对故土、对亲人的思念,以及决心和敌人血拼到底的英雄气概,充满字里行间。

江上青牺牲时,年仅28岁。

后　记

江海情深似故园

　　50年代初,苏北区文代会在扬州召开。那天我去"大舞台"参加文艺晚会,演出前,有幸得与慕名已久的江树峰先生巧遇,谈起我的老师顾怡生先生的近况以及我姐夫丁超一曾在启东海复镇的南通师范学校教书、与江先生同事等话题。树峰先生非常高兴,他说南通是他的第二故乡,并要我抽空到他家再作深谈。无奈当年部队工作繁忙,未能如约前往拜访。直到80年代初期,我调到南通市文联工作,常常因公赴京办事,有一次在北兵马司胡同的中华诗词学会里再次见到树峰先生。30年旧缘重续,我俩都很激动。树峰先生热情邀请我去他家做客,盛情招待,相叙甚欢。自此之后,我每次赴京,总要登门拜访,聆听指教。江老对南通的建设与发展非常关心,详细询问,唯恐疏漏，我也尽自己所知，一一详告。闲谈之中，老人时时回忆起江氏一家人与南通的渊源，以及他家的家史，讲述了不少有关他父亲江石溪老人、长兄江世俊、六兄江上青以及他本人的经历和往事。这些带有传奇色彩的故事，使我深为感动，铭刻在心，久久难以忘怀。

我一直有心想把自己所了解到的这些素材记录下来，告诉后人。1992年7月，本人撰写了《江氏世家与南通的渊源》一文，刊于南通市政协《文史未定稿》第三期，接着又在江苏《乡土》杂志1992年第九期上发表了题为《从江总书记的祖父谈起》的文章。1996年，我和杨问春先生合作撰写了《江海情深似故园——记江总书记一家与南通的交往》，于1997年1月寄呈江泽民总书记过目。该文刊载于《南通政协》1997年第一期。事后，南通市文联文学季刊《三角洲》杂志第二期、《南通医学院报》第一百七十九期、《文峰集团报》以及中共南通市委宣传部的《南通宣传》等报刊先后予以转载或连载。"江海情深似故园"句出树峰先生1990年书赠我的条幅题诗。全诗为："江海情深似故园，故人相见倍欣然。书斋信笔书歌赋，祝贺通城洋际连。"

然而，这些文章的篇幅都实在太小，根本无法包容江氏一家的历史，特别是江上青虽然短暂但却光辉而又伟大的人生。

于是，我们不揣浅陋，决定在前人研究的基础上，重新编写一本较为系统、全面、详细地介绍江上青烈士生平业绩的书。经过几年的搜集、采访和实地调查，最终写成这本书。